「超」怖い話 辰《たつ》

加藤 一 編著

竹書房
怪談
文庫

※本書は体験者および関係者に実際に取材した内容をもとに書き綴られた怪談集です。体験者の記憶と主観のもとに再現されたものであり、掲載するすべてを事実と認定するものではございません。あらかじめご了承ください。

※本書に登場する人物名は、様々な事情を考慮してすべて仮名にしてあります。また、作中に登場する体験者の記憶と体験当時の世相を鑑み、極力当時の様相を再現するよう心がけています。今日の見地においては若干耳慣れない言葉・表記が記載される場合がございますが、これらは差別・侮蔑を助長する意図に基づくものではございません。

彫刻　平野太一
ドローイング　担木目鱈

本書の怪談記事作成に当たって、快く取材に応じていただいた方々、体験談を提供していただいた方々に感謝の意を述べるとともに、本書の作成に関わられた関係者各位の霊的無事をお祈り申し上げます。

巻頭言

加藤一

怪談とは何か。

怪談を生業にする者、怪談に執心する者なら、誰もが繰り返し問うている命題である。

恐ろしければ怪談か。禍々しければ怪談か。狂気であることが怪談か。不可思議は怪談に含まれるか。怪談に涙は必要か。怪談に笑いがあるのは不謹慎か。

『「超」怖い話』は三十有余年に亘って様々な「怖さ」を追求してきた。時に書き手を替え、そのことで注視する対象が変わり、それでもひたすらに「怖さ」を求めてきた。

そして求めれば求めるほどに、「怖さ」の深さに打ちのめされもする。

人の数だけ、人の猜疑心の数だけ、人の苦手の数だけ、そして誰かにとっての想定外の死角から、恐怖は忍び寄ってくる。手を変え、品を変え、姿を変え。

そんな誰かにとっての耐え難い恐怖を、我々著者は食い物にしている。度し難い。

他人事ではない。それを楽しげに貪る怪談読者もまた、恐怖を飽食する共犯者である。

故に手を取り、共に行こう。

一歩踏み出せば〈無間〉に堕ちる、怪異の縁へ。いざ往かん。

目次

6 安心してください。死んでますよ

「去年引っ越したばっかなんだよねー」
ジュンナさんは語る。
「家バレとか怖いから、あんま話せないんだけど」
彼女の新居には、風呂場に男がいる。
シャワーを浴びていると、すぐ横のバスタブに水が張ってあるのに気付く。
確か栓を抜いていたような——と彼女が不審がるや否や——。
バッシャーッと水音とともに、そのバスタブから何者かが起き上がる。
見るとトレーナー姿の男がいるのだ。
思わずジュンナさんは叫ぶが——男はその彼女を見て、
〈また死ねなかった——〉
そう言って消える。あとには、ただ静かな水面が残るのみ。
そういうことが、半年ほどの間に三度あった。
男は必ず、また死ねなかったと言って消えるのだ。

「危ないよね、私も風呂場で『ギャアーッ』って思い切り転んじゃうから」

調べたところ、事故物件である。

男が自殺したのはもうかなり前で、借り主も何度も変わっているはずだ。

そのうち慣れると思ったのだが、これがなかなか慣れない。他ならばいざ知らず、こと風呂場ともなれば無防備である。

「でも一年くらいして、髪洗ってるときに『バシャッ』『また死ねなかった』ってなったとき、私顔も上げずに髪洗っていられたんですよ。そーですかーって」

遂に彼女は克服した。

バッシャー！　と現れ『また死ねなかった』と呟く、その青白く陰気な顔に向かって、彼女はこう言った。

「いや、安心してください。あなたもう死んでますよ」

男は、顔色一つ変えなかった。

その目は、彼女を見ているようで、何も見えていないように思えた。

〈また死ねなかった――〉

男は消える。どうやらこちらの言葉は届かないようであった。

「——まぁ、しょうがないよね。死んでるんだし。死んだのももう、昔のことな訳だし」

彼女はどうにか男にそれを伝えようと、紙に『もう死んでます』『你既死了』『YOUはALREADY DIED』などと大きく書いてジップロックに入れ、バスタブに投げ込んだ。

自作の歌『大丈夫、死んでます』をシャワーを浴びながら口ずさむ。

「『平成○○年の夜～月曜日だったわ～　皆大体～月曜に死ぬのね～』みたいな歌詞」

男は現れなくなった。


しかし今度は、彼女は彼氏に心配されるようになった。

『何か悩みとかある？』と彼はかなり深刻そうに訊ねる。聞けば、彼女が変な寝言を言っているのだという。

「寝言とか、寝言じゃないですか。変なこと言うなぁと思ったんですけど」

彼はメモを取り出し、読み上げた。

それは『大丈夫、死んでいます』のサビの部分だった。

更にはジュンナさんの持ち物の中に睡眠薬があったことを追及する。

テーブルに広げられたカプセル。

睡眠作用のある薬ならいざ知らず、睡眠薬は処方箋がなければ買えないはずだ。

彼女は通院もしておらず、何かの間違いに違いないのだが、そもそも彼女は薬など所持もしていない――しかしこのとき、彼女は誰にも知られていないはずのあの歌が、何故か彼氏に知られていたことで顔から火を噴きそうになっており、猛然と抗議した。

余りの激怒に、彼氏はしどろもどろになった。

「『歌詞とは思わなかった』『薬と一緒にこのメモがあっただけ』ってゆうけど――私、薬も持ってないし、適当に作った歌だもの、メモなんかしてないし……」

彼女は、広げられた薬とメモを乱暴に奪ってバッグに突っ込み、彼氏の元を去った。


それから少しして、彼女は駅で倒れた。

気付いたときは救急搬送された先の病院で、寝かされていた。

「――名前は？　御自分のお名前は言えますか？」

自分は、戸川純那ですと名乗る。

男はどうやら医者で、造ったような爽やかな笑顔になった。

「安心してください。もう大丈夫ですよ。処置が早かったから、急性アル中の患者とそんな違いません」

彼女の周囲で、幾つか笑いが起きた。どうやら自分は医者に囲まれているようだ。

医者によれば、胃洗浄をしたから命に別状はないだろうとのことだった。カプセルも大部分は溶けていなかったからと医者は説明する。

だが彼女には、一体自分が何を説明されているのか分からない。

医者によれば、彼女が駅で買ったペットボトルの水で服毒自殺を図ったというのだ。乱暴に彼氏から奪ってバッグに突っ込んだあの薬だ。

駅のベンチに座る彼女は傍目にも朦朧《もうろう》とした様子で、突然立ち上がってよろよろと線路に向かった。そこを不審に思った駅員らに取り押さえられ、気絶したのだという。

一部始終——全く身に覚えのないことだった。

医者はメモに目を落としていたが、事もなげにそれを畳み、極めて穏やかに微笑む。

そのメモは、と言いかけたが口が上手く動かない。

「ともかく助かってよかった。もう早まったことはしないで。悩み相談する人も紹介できるから。少し休んで、落ち着いてから話しましょう」

彼は言いながらメモを仕舞うと立ち上がり、他の医者を連れて歩き去った。

あとには、ベッドの上で寝かされた自分と女性の看護師だけが残された。

腕に注射針が打ち込まれ、横の点滴に繋がっている。

その向こう、パーティションの隙間から、こちらを覗《のぞ》く男の姿に気付く。

医者かと思ったがそうではない。

彼氏だ。いや、あのトレーナーは――風呂に現れる、あの男だ。

どちらか分からないのだ。見る度に、いや、見ている間にも男の姿形は次々と入れ替わり、彼氏と、バスタブの男の両方の姿に切り替わる。

ジュンナさんは必死に口を動かし、助けを呼ぼうとした。

男は、バスタブの男の姿になった。

そして医者と同じ笑顔で、こう言った。

〈安心してください。もう死んでますから〉

以来、彼女は理由もなくそわそわしている。

目に入るもの全てが疑わしい。全てが造り物のように感じる。何も信じられない。眠ったら目覚めないような気がする。

「これって引っ越したほうがいいかな？　手遅れかもだけど」

ストーカー

小雪ちらつく、二月になったばかりのとある夜のこと。

会社帰りの小林さんは、駅を出て自宅への道をとぼとぼと歩いていた。

天候のせいか行き交う人々も疎《まば》らで、吐く息の白さがより一層寒さを感じさせていた。

しかも、先ほどから両肩がやたらと重くなっており、首や背中にまでもその負担が掛かっているらしく、やけに辛い。

何げなく首筋に手を遣ると、寒さで縮こまったせいか、逆に酷く熱を帯びている。

ここまで気温が下がってしまうと仕方がないことなのであろう。

そうは思ってみたものの、この極寒の中、アパートの自室までまだまだ二十分以上は歩かなければならない。

白い溜め息をつきながらうんざりしていると、煌々《こうこう》と光る赤提灯が視界に入ってきた。

〈少し、引っ掛けていくか〉

一寸《ちょっと》一杯、と書かれた暖簾《のれん》を潜り抜けて、温かい店内へと入っていく。

店内を見渡すと客は一人もおらず、女将《おかみ》さんらしき年配の女性が退屈そうにカウンター席に座って、伸びをしている。

「あ、いらっしゃい。お二人さんね、こっちへどうぞ」

と、小ぢんまりとしたテーブル席に案内された。

「いやいや、ベタな冗談だなァ。一人ですよ」

などと呟きながら、案内された席に腰掛ける。

お通しの肉じゃがを箸で突きながら、お目当てのぬるめの熱燗と串焼きを注文する。

そこそこ美味い酒だったので、あっという間に飲み干してしまった。心身ともに暖かくなり、満足して会計を済ませた。

席を立つ直前に、いつの間にかテーブルにあったオレンジジュースの瓶が気になったが、恐らくサービスで置かれたものであろう。

手を付けなくて申し訳なかった、などと思いながら会計を済ませて、微酔《ほろよ》い気分で店を後にした。

帰宅後にレシートを確認したところ、「オレンジジュース　一本　三百五十円」の記載があって少々むっとしたが、大した金額でもないと忘れることにした。

だが、これだけでは終わらなかった。

自宅の最寄り駅近隣の飲食店に一人で入ったときに限って、注文した覚えのないオレンジジュースが一本、必ずと言っていいほど提供されるのである。

勿論、皆違う店にも拘らず。

流石《さすが》に不審に思って、オレンジジュースを持ってきた主人に確認したことがあった。

「ちょっと、大将っ！　こんなん頼んでないのに困るよっ！」

語気を荒らげてそう問いただすが、物凄い剣幕でこう言い返された。

「何だって！　ウチじゃ扱ってないのにアンタがどうしてもって言うから急いで買ってきたんだろっ！　何だその言い草はっ！　ふざけてんのかっ、おいっ！」

しかし、自分にはこれっぽっちもそんなことを頼んだ覚えがない。

ひょっとして、他の店でも自分が注文していたのか。ヤバい、自分のしたことを覚えていないなんて。

そんなことが頭を過ったただけで意気消沈してしまい、あっという間に弱気になってしまった。

心から申し訳なく思い、怒り心頭の店主に対して何度も何度も頭を下げ続ける。

だが、店主の怒りはなかなか収まらない。

「大体、親子二人で来たってのに、子供だけ先に返しちまうなんて！　非常識だろっ！」

店主の言葉が理解できなかったが、とにかく立腹しているのであろう。これ以上話をややこしくさせないためにも、小林さんは頼んだ料理も口にせずに会計だけしてもらって、そそくさと店を出ることにした。

果たして、こんな理由で医者に掛かっても良いのだろうか。そもそも、これって病気なのかしら。

そう疑問に思いながらも、小林さんは自宅付近の飲み屋からは足を遠ざけることにした。何故なら、違う町だとこのようなおかしなことは一切起きないし、一人で入店しても「お二人さん」なんて決して言われない。

でも、自宅付近で飲めないのは厳しいな、などとぼんやりと考えながら家路を急いでいると、いつの間にか知らない道に迷い込んでしまった。

慌てて周りを見渡すが、辺りが暗いこともあって、ここが何処なのかさっぱり分からない。

ズボンのポケットに入れていたスマートフォンを取り出してみるが、こんなときに限って電源が入らず、ウンともスンとも言わない。

仕方なく目の前に立っている電柱に刻まれた住所を見ようとしていたとき、誰もいないのにも拘らず、その隣の家の呼び鈴が漏れ聞こえてきた。

何げなく視線を向けてみると、灰色っぽい服装の主婦らしき女性が、ぎこちない動きで門から飛び出してきた。

パーマを掛けてから大分経ってしまったらしく髪の毛は酷く乱れており、大分苦労でもしているのか、疲れ果てた表情をしている。

「あ、すみません、ちょっと住所を知りたくて……」

自分が呼び鈴を鳴らした訳ではなかったが、不審者だとは思われたくない一心で、咄嗟《とっさ》にそう取り繕う。

女性は少々驚いたような表情を見せていたが、つかつかと近寄ってくると、いきなり彼の腕を掴んでこう言った。

「……え、ああ、お時間がありましたらちょっとよろしいですか。ささ。どうぞ、どうぞ」

そう言われながら、半ば強引に見知らぬ家へと引き込まれてしまった。

普段だったら確実に拒む状況ではあったが、早く家に帰るためには現在地を訊くのが一番の近道であると考えたせいなのかもしれない。

「さあ、こちらです。どうぞ、上がってください」

家の中には人の気配はなく、しんと静まり返っている。

そこはかとなく危険な香りを感じながらも、強引に六畳程度の和室に通された。

部屋にはまるで新品のように輝いている、こぢんまりとした仏壇が備えてある。

仏壇には、恐らく五、六歳程度であろうか。にっこりと微笑んでいる髪の短い少女の写真が飾られていた。

その前には様々な物がお供えされており、その中でも一際目を引いたのは、よほど大好物だったに違いない、様々なメーカーのオレンジジュースであった。

〈またオレンジジュースかよ〉

思わず舌打ちをしてしまい、それを誤魔化すかのように咳払いをしていた、そのとき。

「ええ、あの子の大好物なんですよ」

いつの間に背後に回っていたのか、吐息で耳がくすぐったくなるほど近いところから、不意に声が聞こえてきた。

慌てて振り向くと、そこにはまさしく、鬼のように三白眼を吊り上げた、憤怒に満ちた表情をした女性が立っている。

垂れ目気味だった両目は極限まで吊り上がり、小刻みに動いている口唇の隙間からは、八重歯らしきものが乳白色に見え隠れしている。

「ほら、あなたの後ろで喜んでいますよ、あの子が」

まるで言い聞かせるかのように、語気を強めながらもゆっくりと、彼女は確かにそう言った。

そこから先はよく覚えていない。

半狂乱になった女性を落ち着かせようと試みたがどうにもならず、このままでは自分の身が危ないと判断して、慌てて家を飛び出した。

そして追ってくる女から逃れようとして闇雲に走ったらしく、どうにかしてアパートの自室まで辿り着いたと思われる。

あの女には絶対にこの場所を知られていない、と何故か自信はあった。だが、やはり怯えているらしく、ほんの少しの物音でも敏感に反応してしまう。

とにかくその日は怖くて怖くて仕方がなく、酒の力を借りて漸《ようや》く眠りに就くことができた。

翌日の土曜日。

昼前まで熟睡していると、いきなり鳴り響いた呼び鈴の音で無理矢理起こされた。

昨日の出来事が未だに信じられずに、ひょっとして夢だったのではないかとの期待も捨てきれなかった。

だが、玄関先に立っている人物を見た瞬間、淡い期待はもろくも崩れ落ちた。

「朝早くにすみません、小林さん。ちょっとお話をお伺いしたいんですが」

制服姿の警官にそう言われては、従う他ない。

訳も分からずに、彼は訪ねてきた警官を部屋に上げた。


「結局、今でも何が起きたのかさっぱり分からないんですよ」

警官の話によると、おおよそ一カ月ほど前にあの女性の一人娘が轢《ひ》き逃げに遭って亡くなってしまったらしい。

まだ犯人は捕まっていないが、どうしても調べてほしい男がいる、と被害者の母親であるあの女性からの情報提供で、警官が訪ねてきたとのことであった。

「俺、何もしていないのに」

そもそも小林さんは運転免許証の類を持っていない。それが轢き逃げをしていない理由にならないことは百も承知ではあるが、生まれてこのかた車やバイクを運転したことが一度もないことだけは確かである。

勿論、轢き逃げ事件があったそのときは、会社で残業していたことも当然のように証明されている。

「でも……」

それ以来、何者かに後を付け回されている気がする、と彼は言った。

「ええ、それがあの女だけじゃないんです」

あの女だけの場合は警察に言えばすぐに対処してくれると思われるが、問題はもう一人のほうである。

それは、時間と場所を選ばない。

例えば自室で寛いでいるときのみならず、風呂に入っているときや用を足しているとき。

ふと、何者かの視線を感じて辺りを見渡すと、何処かで見たことがある少女と一瞬だけ目が合ってしまう。

それは、あの仏壇に飾ってあった写真の人物に間違いない、と断言できる。

ただ、右の目はなくなって黒く落ち窪んでおり、頬や額には激しく擦ったような傷が付いている。

頭部は酷く陥没しており、そこから流れ出たらしき体液が、短い髪の毛をしとどに濡らしている。

その可哀そうな少女は、彼と目が合った瞬間に一瞬だけ笑みを浮かべたような表情になるが、それも束の間、すぐに存在自体が消えてしまうのであった。

「これって、ヤバいですよね」

一体、どうしたらいいのでしょうね、と彼は呟いた。

ヒーリング・ミュージック

大学生の吹田さんは、不眠で悩んでいた。

「朝から講義があるので早く眠りたいのですが……」

布団の中に入っても一向に眠くならずに、むしろより覚醒してしまい、ついつい余計なことを考えてしまう。

勿論気が付けば朝になっているので睡眠自体は摂っているのではあるが、浅い眠りのせいか身体の疲れが全く抜けない。

そしてがちがちに凝り固まった首と肩のせいで、頭痛に悩まされる日々が続いていた。

「でも、なるべく薬には頼りたくなかったので……」

医療機関には相談せずに、自力で解決しようと四苦八苦していた。

そのとき、友人から耳寄りな話を聞かせてもらった。

「何か、寝るときに聴く曲が販売されてたんですよね。睡眠用BGMって言うらしいんですけど。α波がどうとか、副交感神経がどうとか、そんな奴で」

早速購入して期待に胸躍らせながら試してはみたものの、残念ながらこれらの曲が彼を熟睡させるまでには至らなかった。

「やっぱり、楽器の音って駄目なんですよね。思わず聴き入っちゃって、寝るどころじゃなくなってしまうんで」

そこで、友人のアドバイスに従って次に試してみたのが、自然の音であった。

「もう、これが自分にぴったりだったんですよね」

小川のせせらぎ、虫の鳴く音、雨音や風音などなど。そういった自然界の何げない音を聴きながら寝ると、ぐっすりと休めることが分かったのだ。

だが、このBGMもあまり長くは続かなかった。

「覚えちゃうんですよね、長い間聴いちゃうと。そうなっちゃうと、もうダメですね」

同様の製品を幾つか試したが、どれも長くは保たない。次々と使い捨て状態で睡眠を摂っていたが、とうとう尽きてしまった。

折角熟睡できていたのに――と酷く落胆したが、この危機を救ってくれたのも友人であった。

「ホント、目から鱗ですよ。自分じゃ絶対に浮かばない発想でした」

吹田さんの友人はとある地方出身で、近くの山奥に小屋を所有していた。

どうやら彼の父親は狩猟が趣味らしく、猟期になるとその小屋を利用して楽しんでいるらしい。

しかし猟期は冬の間のみなので、それ以外の季節は誰も使っていない、とのことであった。

つまり、この山小屋にレコーダーを仕掛けて、本物の自然の音を録ればいいのではないか、といったことである。

「もう、飛びつきましたね。友人に頭を下げて、すぐに行ってきましたよ」

安価ながらも高音質で長時間録音できるレコーダーを購入して、友人と連れ立って例の山小屋へと向かった。

新幹線から普通列車へと乗り継いで、おおよそ三時間。

それは、想像を遥かに超える辺鄙《へんぴ》な場所に佇んでいた。

山の標高自体はそれほど高くないし、麓からそれほど掛からない時間で辿り着けるが、周囲は深い森に囲まれている。

定期的にメンテナンスが入っているとはいえ、小屋には様々な植物が絡み合っており、中に入ることを思わず躊躇《ちゅうちょ》してしまう。

「あんまり長居したくない環境に間違いはなかったので……」

比較的綺麗な状態に保たれていた軒先の、雨風の当たらない場所にレコーダーを仕掛けて、二人は早々に退散した。

「内蔵バッテリーが切れるのはおおよそ三日後だったんで。ええ、また行くのはアレだったんで、頃合いを見計らって友人の家族に回収してもらって、宅配便で送ってもらったんですが……」

想定通り、届いたレコーダーには望みの音がしっかりと録音されていた。

自分達の会話や足音が聞こえるのが嫌で、少し早送りしてから再生しつつ、布団に入って瞼を閉じた。

爽やかな風とともに草木の揺れる音。小枝同士が軽くぶつかる音に加えて、虫達の美しい音色が深い眠りへと誘う。

あ、これは大成功かもしれない。

そんなことを考えつつ、うつらうつらとしていた、そのとき。

突如、虫の声に混ざり合って、人間のものとしか思えない声が薄っすらと聞こえてきた。

眠りを妨げられて不機嫌になりながら、その音に耳を澄ましてみる。

「うーむ、うーっむ、って。明らかに呻《うめ》き声としか思えないんですよ」

初めのうちは薄気味悪かったが、もしかしたら誰かが怪我でもして苦しんでいる可能性も捨てきれなくなってきた。

しかし、例えそうだとしても録音した日から既に一週間以上経過している。

すると、今度は先ほどとは違う人間の声が重なり合って聞こえてきた。

「……ええ。読経しているのか念仏を唱えているのか分かりませんが、とにかくそういった音が聞こえてきたんです。しかもかなりの重低音で」

もはや寝るどころの話ではなくなってきたのは確かである。どうせ眠れやしない、と腹を括った彼は、夜通しその録音を聴き続けた。

その結果、あの録音は消すことにしたという。

しかも、折角買ったレコーダーもネットオークションで処分する予定とのこと。

「だって、おかしいでしょう。あの呻き声と念仏だかお経の声、ずっと聞こえてるんですよ！」

何時間も何十時間も、一切途絶えることなく。

「もう、こういったことは二度とやらないです。睡眠の件も医者に掛かっていますので」

それにしても、レコーダーまで処分するとは、驚くほどの念の入りようである。

「いや、ホントに勘弁してほしいです。あそこの山小屋どころか、県にも近付きたくないですよ」

そこまで忌み嫌うとは、尋常ではない。

ひょっとして、他にも何か異常な音が録音されていたのではないだろうか。

ほんの少しでいいので、一度その音を聴かせてはいただけないだろうか。勿論、いかなる方法でも構わないし、一切迷惑も掛けないと、約束した上で。

何度も何度もお願いしたが、吹田さんの顔色は次第に青くなっていき、今にも倒れそうなほどになってしまった。

「いやいや、それだけは絶対にできません。あんなもの、見ないほうがいいんです」

見ないほうが、とは一体どういった意味なのであろうか。彼が保持しているのは、異常な声が録音されたレコーダーではないのか。

その点が妙に引っ掛かって、やんわり且つ粘り強く、しつこく訊ね続けた。

すると、まるで観念したかのようにぽつりぽつりと話し始めた。

「……あそこには、不審者防止のために監視カメラも仕掛けられてたんですよ」

いつもは惰性で録画し続けて誰も見ようともしなかったが、こういった件があったので映像も確認することにしたらしい。

「……ホント、見なきゃよかった。あんなもの、絶対に見ちゃいけなかったんだ」

吹田さんはそうぶつぶつと呟きながら、目に薄っすらと涙を溜めつつこの場から立ち去ってしまった。

その後、映像の内容を幾度となく彼に訊ねているが、未だに色良い返事は返ってこない。

日光写真

本田さんが小学校に上がったばかりの頃の話になる。

あるとき、購読していた学習雑誌に、「日光写真」なるものが付録として付いてきた。

カメラ自体に漠然とした憧れを持っていたが、大人でもない限りそう易々と入手できる時代ではなかった。

そんなときに突然自分のものになった日光写真。そのあまりの嬉しさに心が躍った。

「今思えばチャチな付録でしたけど。今までの奴とは違ってたもんで……」

日光写真とは青写真とも呼ばれ、感光紙に太陽光を当てることにより発生する化学反応を利用して、画像を焼き付けるものである。

当時は駄菓子屋等でよく見られたが、キャラクターの絵を印刷した型紙を感光紙に重ねて、数分間日光に当てるだけのものが主流であった。

それとは異なり、今回付録に付いてきたものは、カメラの外観が印刷された紙を組み立てるもの。

レンズの部分には穴が開いており、そこから取り込んだ風景を感光紙に焼き付ける仕組みになっている。説明書を読むと、快晴の日で三十～四十分、曇天の場合は五十～八十分程度、動かさずに待たなければならない。

勿体なくてなかなか使用する気が起きずに、組み立てすらしない状態のまま、暫《しばら》くの間眺めては期待に胸を躍らせていた。

そして、一カ月ほど経過した夏の暑い盛り。

眺めるだけに飽きて、遂に付録を組み立てて使用する気になった。

朝から雲一つない青空で、雨が降る心配もない。

本田さんはあっという間に日光写真機を組み立てると、自宅の裏口から出てすぐにある空き地に置いた。

すぐ側にある、自宅の古い蔵を撮ろうとしたのである。

それから一時間後、やや興奮しながら写真機を回収して部屋に戻ると、綺麗に撮れたかどうか確認してみる。

そこには、黒と思しきネクタイを締めた見知らぬ中年男性の顔が、まるで遺影のようにはっきりと写っていた。

川遊び

「かなり昔の話なんだけどね」

そう言いながら、恵津子さんは軽く目を閉じた。

そして心の奥深くに封印されていた出来事を、少しずつ抽出するかのように思い出しながら、ゆっくりと語り始めた。


恵津子さんが小学校に上がる少し前の頃であるから、今から半世紀以上も昔の話になる。

彼女の生まれ育った場所は東北地方の片田舎に位置し、物心付いたときから山や川で遊ぶのを常としていた。

テレビゲームなどは一般的ではなかったし、男女問わず山野を駆け回ることが当たり前の時代であった。

自宅の裏には、コンクリートでしっかりと護岸された小さな川が流れている。

この川にはゴミの類も多かったが、様々な生き物達が生息しており、特に真鮒《まぶな》や追河《おいかわ》の魚影も濃かったことから、子供達の遊び場として人気であった。

しかし、勿論、親達には川で遊ぶことを固く禁じられていた。

水深自体は一番深いところで一メートルもなかったが、住人の誰も彼もが生ごみの類を平然と廃棄していたので、とにかくゴミの量が凄かった。

そのような汚い川で、自分の子供に遊んでほしくない、といった理由も今ではよく分かる。

だが、当時の子供達にとって、なくてはならない遊び場であることも確かであった。

その日は秋らしく、爽やかな風が心地よい日曜日の朝であった。

恵津子さんは朝食後、すぐに着替えて遊びへと出かけた。

「川で遊んじゃダメだからな」

必ずと言っていいほど言われる母親の言葉に惰性でこくりと頷《うなず》きながら、当たり前のように裏の川へと向かって歩み始める。

そして上流のほうへと向かっていく途中で、親戚の信好君と合流した。

彼は小学二年生で、親戚同士だったこともあってか、幼い恵津子さんの面倒をよく見てくれていた。

当然、彼女もよく懐いており、結構頻繁に一緒になって遊んでいた。

数分ほど歩くと、川の中でも水深がやや浅くなっている箇所に辿り着いた。

「雑魚《ざっこ》取るべェ」

半ズボン姿の信好君はズックを脱いで、裸足になって川に入っていく。

同じく半ズボン姿だった恵津子さんも当然のように入ろうとするが、彼に止められた。

「おめェは入んなくていいがら。おめェが入るとオレが……」

それ以上は言葉を濁していたが、幼い彼女でも、おおよそは理解することができた。

「ごめんなァ、ノブちゃ」

そう言いながら、その場にあった大きな石に腰掛けて、彼の姿に目を遣った。

水深が浅いため。水中に転がっている石の大きさまでよく分かる。

信好君は器用に両手を石の下に突っ込むと、その手で石を素早くどかした。

「ほっらァ、捕まえたっ！」

彼の両手から、十五センチ程度の鯰《なまず》が顔を出した。

恵津子さんはあらかじめ水を入れていたバケツを彼に差し出した。

「次はオイカワでも狙うべなァ」

そう言いながら次の石に向かって、勢いよく両手を差し入れた。

「うッ！」

短い悲鳴のようなものが聞こえてきたその瞬間、彼の動きが止まった。

「何かあったのが？　ノブちゃっ？」

慌てて訊ねるが、何の答えも返ってこない。

ただ、青白い顔をした信好君が両手を石の下に突っ込んだまま、水面をじっと見つめ続け、身じろぎ一つしない。

暫《しば》しの沈黙が、二人の間に流れる。

「……やっちまったべ」

「ん？　何か言ったが？」

「……やっちまったべ」

確かに、彼はそう呟いた。

訳が分からず、彼女は身を乗り出して、信好君のいる水面を凝視した。

彼の両足と両腕が、光の屈折でまるで折れ曲がっているように見えている。

「……わァっっっ！」

恵津子さんは思わず悲鳴を上げてしまった。

水面に映っている信好君の顔が、明らかに彼のものではなかった。

その顔はまさしく、老人のそれであった。

ぼさぼさになった白髪を乱しながら、張りを失った皮膚は、無数の皺《しわ》でびっしりと覆いつくされている。

色褪せた唇は驚くほど薄く、その隙間からは脂《ヤニ》で薄汚れた前歯がはっきりと確認できる。

「……やっちまったなァ」

小声でそう言いながら、信好君は川から上がってきた。

膝下には丸々と太った蛭が大量に付着していたが、彼は無言でそれらを引っ張っては地面に投げ捨てている。

「ノブちゃ、それって何だべ？」

恵津子さんは何らかの異変に気が付いたのか、信好君の元まで近付くと、水に濡れた両足首を指差した。

そこには、紫色に変色した痣《あざ》のようなものがあった。

それはまるで、大人の手でこっ酷く握り締められたかのように、しっかりと掌の形が残っている。

「……誰にも言わねェでけろ、な？」

今までになく強い口調に、彼女はこくりと頷く他なかった。

信好君は張り付いた蛭を全て取り去ると、彼女には一瞥《いちべつ》もくれずに、無言でズックを履いて自宅のほうへと戻っていった。

語り終えた彼女の両目からは、薄っすらと涙が流れている。

それもそのはず。それが信好君との今生の別れになってしまった。

その夜、彼は家族の誰にも告げずに、そっと家を抜け出したのではないかと言われている。

そして翌朝、遊んでいた川とは全く異なる、距離にして十キロ以上も離れた河川の下流で、変わり果てた姿で水門に引っ掛かっているところを釣り人に発見された。

今に至るも誰とも分からない老人の遺影の入った額縁を、大事そうに抱き締めた状態で。

雪の日の話

今からおおよそ五十年ほど前、依子さんが小学六年生の冬に体験した話である。

二十四節で言えば大寒に入った日に相応しく、朝の時点で氷点下だった気温は日中になっても上がることはなく、まさしく極寒の世界であった。

連日降りしきるぼたん雪はより一層勢いを増し、彼女の住んでいる辺り一帯は白銀の世界と化している。

「よりこォ、ちょっと買い物さ行ってけろゥ」

母親からそう言われて、テレビを見ていた依子さんは面倒臭そうな表情で、しぶしぶながらこくりと頷いた。

今晩の夕食は湯豆腐だと聞いていたので、お豆腐を買いに行くのだと察していたからである。

豆腐屋は自宅から歩いて十分程度掛かる。この大雪だと、もっと時間が掛かるのは目に見えている。

しかも大きな鍋を持って買いに行かなければならないし、行きは軽くても、帰りは豆腐二丁とたっぷりの水の重みが加わるので、かなり重たい。

「んじゃ、行ってくっがら」

母親から渡された小銭入れをズボンのポケットに入れると、スキー用の防寒具と毛糸の帽子を身に纏《まと》って出かけることにした。

玄関先を出ると、大粒の雪がしんしんと降っており、目の前には真っ白な世界が広がっている。

道路の中央部から地下水が適度に放出されて、路上に降り積もろうとする雪を融かしていく。

そして、水分をたっぷりと含んでびしゃびしゃになったシャーベット状の雪が、路肩へと溜まっていく。

彼女はこの雪国特有の消雪道路が大っ嫌いであった。

何故かと言うと、道を歩いていると、通り掛かった車がシャーベットを撥ねていき、自分の身体にたっぷりと降り掛かるからである。

「車、来ねぇといいなぁ」

願いが通じたのか、偶々車通りがなかったので、豆腐屋までは無事に辿り着くことができた。

預かった小銭で豆腐二丁とたっぷりの水を鍋に入れてもらうと、早速帰路に就く。

滑らないように足下を意識しながら歩き始めたところ、進行方向から薄汚いダンプカーが唸りを上げてやってくる。

極力身体を道路から離して、豆腐の入った鍋を抱きかかえるようにしながら、彼女は道路側へと背を向けた。

びしゃっ、とした不快で大きな音を立てながら、大量の飛沫が背中に降り掛かる感触を覚える。

タイヤに巻かれた金属製チェーンがアスファルトを削る厭な音とともに、ダンプカーが猛スピードで通り過ぎていく。

彼女は溜め息を吐きながら、身体の向きを元に戻した。

「きゃっ」

思わず小さい悲鳴を上げてしまう。

いつの間にか、目の前に小さな女の子が立っている。

黄色い帽子、薄手の赤いブラウスに白いスカート姿で、これまた赤いランドセルを背負って黄色い長靴を履いている。肩の辺りまで伸ばしてある髪の毛は、毛先が綺麗にカールしている。

そして、俯き加減に立っているせいで、表情まではよく分からない。

しかし、この極寒の日に、そのような格好で大丈夫なのであろうか。

「おめ、そつけな格好で寒《さむ》ぐねェのが？」

目の前に佇む女児に話しかけるが、返事は一向に返ってこない。

依子さんは少々苛立って、幼女の脇を急いで通り過ぎようとした、そのとき。

氷のように冷たい掌で、いきなり左手首を掴まれた。

「いってっ！」

余りにも強烈な痛みで思わず鍋を落としそうになったが、辛うじて持ち堪えた。そして思いっきり舌打ちをしながら、慌てて女児のいる方向を睨みつける。

しかし、そこには誰もいなかった。

そんな馬鹿な。さっきまでいたのに。幾度となく辺りに視線を巡らすが、女児どころか誰の姿も見つけることができない。

彼女は小首を捻りながら、家路を急いだ。

「すっごく怒られたんですよ。ええ、お母さんに」

柔らかい表情をしながら、依子さんは懐かしそうに言った。

それもそのはず。午後一時頃に買い物に出かけたにも拘らず、彼女が帰宅したのは夕方の四時過ぎであった。

しかも、辺りがいつの間にか暗くなっていることに気が付いたのは、家の中に入ってからのことである。

「もう、ホントに意味が分からなくて……」

たとえ大雪とはいえ三、四十分もあれば往復できる距離なのに、どうしてそれほどの時間が経過したのであろうか。

「しかも……」

鍋の蓋を開けた瞬間、青カビだらけで恐ろしく縮んだ、豆腐らしき物体の成れの果てが現れたときは、悔しくて思わず涙が出てしまったという。

更に、むんずと掴まれた左手首には、掌や指の形が明確に分かるような、赤黒い痣がはっきりと残っていた。その痣がすっかり消えるまでに、数カ月を要したのである。

「ホント、一体何があったんでしょうね」

彼女はそう言いながら、ほんの一瞬だけ遠くに視線を泳がせるような表情を見せた。

血は水よりも濃く

某家の兄と弟は仲が良くなかった。

父親の遺書によって家業を継いだのは兄だったが、弟は不服を申し立てたのも当然と言えよう。

勿論、覆せない。弟は分与された遺産を使い、同業他社を立ち上げた。


それぞれが六十の半ばを越える頃だった。

弟が兄を訴えると言い出した。

理由は〈会社パンフレットとオープン社内報の内容に虚偽の内容が多数含まれている上、我が社（弟の会社）を誹謗《ひぼう》中傷しているから〉である。

偽計業務妨害に当たる犯罪だという主張が認められるなら、警察が動く可能性もあった。

兄側は内容の誤りと、一部の表現が意図せず弟の会社を中傷したことを認め、謝罪とパンフレット回収を申し出た。事を荒立てる前に対応したかったようだ。本当に事件にされて顧客の信用を失うような事態だけは避ける、という苦肉の策である。

ところが弟は「賠償金支払いに加え、兄は社長を辞任。継いだ会社を弟へ譲渡するなら警察沙汰にしない」と条件を出してきた。

こうなれば公の場で争うしかない状態であろう。

が――弟が急死した。事故死だった。

主を失った弟の会社がトーンダウンしたことは否めない。何故なら、弟一人が個人的な恨みで問題を大きくしていたのだから。その弟がいなくなれば、訴訟問題を始めとして、有耶無耶《うやむや》になる点も多くなる。争いを続けてもお互いの会社のメリットは薄く、結果〈兄の会社の謝罪と多少の賠償金〉で落とし前を付ける形になった。

この弟の死に関し、兄が〈そういう荒事をする人間ら〉に依頼した殺人事件であったのではないか、と噂されたこともある。

実際それはただのゴシップであり事実ではなかった。

ただ、こんな噂も流布されていた。

〈兄は実家が重用している霊能力者を使い、弟を呪い殺させた。弟の死や事故現場に不自然な点が多く、単なる事故死ではないことは明白だ〉

この場合、委託殺人だとしても罪に問えない代物だろう。

さて。

この一連の話は二つの会社とは一切関係ない別ルートから聞いたのだが、後に某家の兄――お兄さん御本人と、弟の息子さんから各種確認が取れた。

お兄さんは現在六十八歳で、弟の息子さんは三十九歳である。

お二人が同席する中、和やかな雰囲気の中で真実が語られた。

お兄さん曰く「確かに訴訟問題になったが、弟は亡くなる直前に各方面へ手回しをし、矛を収める方向へ動いていた」。「霊能者を頼ったことはない。懇意にしている神社はあるが、それは普通の会社が行うものと同じようなことだろう」。

また、事故死の状況も不審な点は一切なく、弟さん本人のミスであったことははっきりしている。

「父は亡くなる前に、実家への行動を反省していました」

穏やかな口調で弟の息子さんは話す。お兄さんも同じく物腰柔らかだった。

ただ、と二人は微笑む。

お兄さんと息子さん、それぞれの枕元に、弟さんが立ったことがあった。

〈兄さん、ゴメン。意固地になっていた。許してほしい。これからは力を合わせたい〉

これがお兄さんの元へ現れたときの言葉だ。

〈我が子に後始末を任せるが、その後はお前の伯父である兄を頼れ。家を盛り立てるために、仲良く親族一丸となってこの不況の波と闘え〉

こちらは息子さんが言われたことである。

二人は同じ日にその姿を見ている……のだが、少々矛盾があった。

それは〈枕元に立ったのが、弟さんがまだ生きているとき〉だったことだ。

事故死する前々日であり、突然の死すら予想していない時点の話である。

夢ならまだ偶々と言えるが、お二人の言葉を借りれば「眠りから覚めて、さあ起きようとしているときに、ふっと現れたから夢ではない」。

更にお兄さんは「特撮のような感じでスーッと現れて、言いたいことを言って消えた」と言い、息子さんは「3Dホログラムのような感じで、言うだけ言ったらパッと消えた」と表現していた。共通しているのは「実在感は希薄だった」ことだろう。

二人とも、おかしな物を見たが、心に仕舞っておこうと思った。

何故なら、口に出すと何か縁起が悪そうだと感じたからだった。周囲に吹聴して、もし本当に弟が、父親が亡くなったら、とお互い似た感覚を抱いたのだ。

ところがそれから間もなく、弟さんは事故で亡くなった。

弟さんの通夜で二人は腹を割って話す機会を得た。そこで思い出話に花を咲かせるうち〈生前にも拘らず、枕元に立った弟さん〉を二人とも見ていたことが判明したのだ。

これが切っ掛けでお兄さんの会社と、弟の息子さんが継いだ会社は協力体制を取るようになった。そればかりか、弟の息子さんはお兄さんを敬い、会社経営の相談も始めている。

弟の不幸が切っ掛けであることは悲しいがとお兄さんが口にした後、続けて断言した。

「近いうちに二つの会社を統合し、これに後を継がせようと思っています」

お兄さんは弟の息子さんを見た。そして、自分は子宝に恵まれなかったから、弟の息子に全てを委ねるのが丁度良いのだと微笑む。

弟の息子さんも頬を緩める。二人の表情はよく似ていた。

そのことを言葉にして伝えると、お兄さんは笑ってこう返した。

血は水よりも濃いと言いますから。

端的に言えば

ある人から聞いた体験談がある。
大学時代、友人間で起こったことだ。
その人から、事件の当事者である某人――敢えて某人とする――を紹介して頂いた。
ここでは某人視点で纏めることにする。
そのせいで少し読みづらいかもしれないが、御容赦頂きたい。

大学時代、某人には嫌いな人物がいた。
自称テクニカル系ヘヴィメタルギタリスト、阿川である。
何処かのバンドに所属しており、ロングヘアで色白の痩せ形だ。
ただし、背は低く、吹けば飛ぶような体格である。
酷くナルシストで、他人のやることに口を出してくる性格だった。
はっきり言えば、実に鬱陶しい。
付き合いたくないが、他の友人の関係でよく顔を合わせる。避けようがなかった。

阿川は酒が入ると、必ずあることを口にする。

〈自爆か毒薬テロを起こしてボクは死ぬ。どうせボクの理解者は一生現れない。なら、オザキと同じ二十六歳で死ぬ。でも一人で死にたくない〉

わざとらしい陰鬱な表情を作って、こんなことを宣うのだ。

ヘヴィメタルのギタリストなのに何故オザキなのかよく分からないが、天才は若くして死ぬを体現したオザキ、と衆人から囁かれている部分で憧れているようだった。

そんなとき、某人は阿川を「ウルセえ、黙れ。一人で死ね。他人に迷惑を掛けるな」と一喝する。

すると奴は冷笑を浮かべ、こう言う。

「ボクの親友が黙ってないぞ」

その親友はクラブに通うヒップホッパーで、半グレだ。彼が出てきたら、お前なんかすぐに泣きが入るぞ、と脅してくるのだ。

勝手にしろといつも言い返すが、その阿川の親友が報復に現れることはなかった。

——が、就職活動が始まる頃、阿川が死んだ。

浪人してからの大学入学に加え、留年しているので、二十六歳だった。

自死らしいのだが、単なる事故であったと専《もっぱ》らの噂である。

ところが、死んだ阿川が化けて出るという噂が出るようになった。

阿川を知る者の元にやってくるらしい。

〈生前と変わらぬ姿なのだが、何故かエレクトリックギターを提げている。それもそれを弾きながら登場する。音は聞こえない〉というのだから、堪らない。

生前の阿川が演奏する姿を見た人間は殆《ほとん》どいない。上手い下手すら誰も知らなかった。

こうして死して聞こえないギターを弾かれても困るだけだろう。

そして最後に〈ボクはテロで死ぬと決めていた。でもできなかった。だから今度はお前らを呪い殺して、大量殺人を行う。これもテロだ〉とシャウトして消える。

と言う話だ――が、某人は信じなかった。

余りに話が面白すぎる。だから大学生同士の戯れ言だろうと判断した。


ところが就職活動が激化していく頃、某人の所に阿川が出た。

深夜、自宅アパートで就寝の準備をしているときだった。

話の通りの格好で、本当にギターを持っている。

ただし、出てきたのはトイレのドアの前だ。

（まだ明かりも点けている状態で、ここまで目の当たりにできるとは）

某人は少し嬉しくなった。こんなことは体験したことはない。

スマートフォンで撮ってやろうとしたとき、阿川が叫んだ。

否。叫びというより、か細い高周波、或いは今にも消えそうな超音波サウンドか。

噂のような台詞は吐かない。

頭にきたので、某人は押し殺した声で凄んでやった。

「ウルセぇ。蹴り倒すぞ……」

煙のように阿川は消えた。そこで某人はしまったと後悔したという。

写真を撮り損ねたからだった。


後日、某人はこの話を友人達に開帳した。

噂は一部本当で、それ以外は嘘だったぞ、と。

その際、実は本当に阿川が出てきたと告白する者が数名現れた。

出てきたのは自宅であり、何故かトイレの前か浴室の前だったようだ。

そして特定の言葉を漏らすことなく、高周波を出す（人によっては「沸騰した薬缶のピーピー音」という意見もあった）。

驚いて声を上げる、或いは声を掛けると消える。

以後は二度と現れない。

——のだが、阿川を見た者は数カ月後、その殆どが大怪我を負った。

慣れている階段を下りるとき、踏み外して足首を複雑骨折。アパートのドアを閉めるとき、指を挟んで切断寸前。滑って転んで肋《あばら》を折る。

怪我を負った全員が生前の発言を拾って「阿川のテロだ」と恐れた。

ただし、某人だけは何の怪我も負わなかった。理由は分からない。

空手と柔道の有段者だからじゃないかと数名の友人が予想する。

強い相手に手を出せないのだろう、アイツそういうところあったから、という訳だ。

確かに某人は見た目好青年だが、首や腕、足が太く、耳がカリフラワーになっている。

見る人が見たら「喧嘩を売ってはいけないタイプ」だと分かるはずだ。


ある人と某人は社会人生活に入って数年過ぎている。

二人とも立派な勤め人として活躍している最中だ。

ある人は「某人は本当にできた人間だからな」と褒めるが、当人は苦笑を浮かべる。

「阿川のことを改めて話してみましたが、自慢話のようになっています。やったことは小さい人間特有の行動でしかないですよ。恥ずかしいことです」

このお二人には別の話も伺ったが、それはまたの機会に。

待望

西川さんには竹馬の友がいる。
その人物、某氏の話である。

某氏に待望の初孫が産まれた。
内孫の男児だった。
某氏の家は経営者一家で、某氏は家長である。跡取りの誕生に家族は湧いた。
盛大なお祝いの会を催し、沢山の人に祝ってもらう。誰しもこの慶事を喜んだ。
が、初孫は七つになる前に亡くなった。
以降、某氏の家は徐々に没落していく。
原因は内外にあったが、中には理不尽だとしか言えない不運もあった。
最後に小さな商店が残ったが、それもまた他人の手に渡った。
初孫の死より約八年、あっという間の出来事だった。

家業に陰りが見え始めた頃――そう。没落の初期にも不幸があった。

亡くなった初孫の親、某氏の息子である。

それを皮切りに、家の男性らが次々に死を迎えていく。死因は病や怪我、自死である。

某氏は皆を見送り、失意のまま自身の死を迎えた。何年も病に苦しんだ末であった。


某氏自身が死を迎える少し前、見舞いに訪れた西川さんはこんな話を聞いた。

曰く、彼の初孫が急死する直前、おかしなことを口走ったという。

〈ひゃくじゅーいちねん　まったき〉

百十一年待ったき。百十一年待った、か。四国方面のイントネーションに聞こえた。

某氏家は四国とは無関係な土地に住んでいる。孫自身も四国に縁がない。

それなのにどうして孫が四国の方言を話したのか、また、何故百十一年待ったと口走ったのか。どうしても分からない。

寝かしつけていた某氏――祖父の目をじっと見て、ただ一度だけのことだった。


西川さんの夢には、今もこの亡くなった某氏が出る。

夢の中の某氏は、苦悶の表情を浮かべた後、目頭を押さえてさめざめと泣いた。

そして最後に縋《すが》り付いてきて呻くように助けを求める。

西川、助けてくれ、お願いだから助けて、助けて、助けて……。

しかし、何者かに引き剥がされ、親友は赤黒い空気に溶けて消える。

いつもここで目が覚める。

この夢は年に一、二度見る程度だが、いつも強く記憶に残った。


毎年やってくる某氏の命日に、西川さんは彼の墓へ参る。

誰かが掃除をしている痕跡があった。

そしていつも白い百合と大きな紅白饅頭が箱入りで供えられていた。

自身の都合で参る日が命日より前後しても、必ず真新しい状態で置かれているのだ。誰の仕業か分からない。

数度、墓石に赤い絵の具らしき物で〈喜〉や〈寿〉と記されていたこともあった。

勿論そのときも百合と紅白饅頭があったことは言うまでもない。

西川さんはそれらを片付け、きちんと掃除をし直す。

その後、甘い物が苦手な故人が好きだった酒、そして菊を供えて手を合わせる。

親友があの世で辛くないように、何か助けの手が差し伸べられますように、と。

親友の死から十四年が過ぎた。
西川さんは、今も親友が助けを求める夢を見続けている。

ペンダント

涼子さんの小学生時代からの親友である望美さんは、大学を卒業後、派遣社員として働いていた。

勿論本人は正社員で就職したかったが、縁に恵まれずに、とりあえず派遣社員として働きながら正社員の口を探そうとしていた。

格安の古くて狭いアパートに独り暮らししながら、朝から晩まで額に汗を流す。月給からある程度は実家の母親へ仕送りしながら、粘り強く正社員の求人へ応募し続ける毎日を送る。

そして派遣社員として働き始めてから、おおよそ十年が経過したある日のこと。

派遣先の社長に気に入られ、是非正社員として来てほしい、との勧誘を受けたのである。

「あのときはねえ、本当に喜んでましたよ。うん、望美ったら。泣きながら電話してきてくれたのよ」

すぐに二人でお祝いしたのよと言いながら、目に薄っすらと涙を浮かべる。

しかし、その喜びは間もなく失意へと変わってしまう。

「とにかく、物凄かったみたいなのよ。扱いが……」

早朝から深夜まで及ぶ、想像を絶する残業の嵐。涼子さんはサービス残業、とやや好意的に表現していたが、賃金を一切払わない労働を会社側から強制され、それに従ったに過ぎない。

休日は月に一日もあればいいほうで、その日すら会社から持たされた携帯電話が鳴りやまない日々が続いた。

「望美じゃないと誰も分からないらしくて……」

それほどまでに会社側にとって必要な人物であるならば、手厚い報酬と安心できる環境で働いてもらったほうがどう考えてもプラスになると思われるが、経営側の意見はどうやら異なるようである。

「一気に痩せちゃってね。髪やお肌の調子も見る見るうちに悪くなっちゃって。たった数カ月で別人みたいになっちゃったのよ」

だが、時々親友に愚痴を零すだけで、望美さんは必死に業務をこなしていった。

『私にだって名前はあるのよ。ハケンさん、とかもう二度とそんなふうに呼ばれたくない』

相当辛かったのであろう。そのような、もう二度と派遣へは戻りたくないといった思いから、彼女は必死で堪えることを選択した。

「それから間もなくなんですけど……」

彼女からの愚痴の電話が、一切来なくなってしまった。心配になって電話をすると応対してくれるので、そのときは軽く考えていた。ただ、電話口から聞こえる声に、違和感は少なからずあったという。

「どことなくおかしいのよ。口調やらイントネーションやらが……」

それでも涼子さんは粘り強く電話を掛けて、あまり無理はしないようにと何度も諭した。しかしながら、望美さんの態度は次第に変わっていった。初めは聞く耳を持たなかった、といった表現で良かったが、やがて話が通じなくなっていった。遂には、まるで言葉が分からない人に話しているようになってしまったため、自然と涼子さんのほうから望美さんに対して距離を置くようになっていったのである。

互いに連絡を取り合わなくなってから数週間後の夜、望美さんから突然電話が掛かってきた。

「すっごく明るい声でね。ああ、いつもの望美だ、って」

聞こえてくる声は、ここ最近の彼女のものとは明らかに異なって、妙に高揚感があった。

「何かね。もう大丈夫だから、もう大丈夫だから、って何度も何度も言う訳よ」

状況がさっぱり分からなかったので、とにかく落ち着かせようとしながら話を聞いていると、どうやら猫のペンダントを拾ったらしいことが分かった。

「もう、興奮しちゃって。これさえあれば大丈夫、みたいな話を延々とするのよ」

しかし、どう考えても理解できない。仕事帰りの夜道に、見知らぬ誰かが落としたペンダントを偶々拾っただけで、どうしてそこまで喜べるのか。しかも、あんなにまでも辛い状況がそんなことだけで、どうして改善するのか。

ひょっとして、誰かに騙されているのではないだろうか。そう考えるといても立ってもいられず、親友のために黙っていることはできなかった。

極力刺激しないように柔らかく、その可能性を示唆した、その瞬間。

聞こえてくる声の口調が、がらりと変わった。

『ふーん、悔しいんだ。ミサキちゃんが私のとこにいるのがそんなに悔しいんだ。そりゃそうでしょ。アナタのとこにいるより、全然幸せだもんね』

そのような類のことを、これでもかとばかりに早口で捲し立てられた。

全く意味が分からないが、このことは涼子さんの心に深く突き刺さった。

ミサキという名前は、涼子さんが昔飼っていた猫と同じであった。勿論、望美さんはそれを知っているし、ミサキが腎不全で苦しみながら死んでいったときは一緒になって泣いて悲しんでくれていた。

「それで、流石にかっとなっちゃって」

涼子さんは電話を切るなり、望美さんの住んでいるアパートへと向かった。

大通りから逸れて、人気のない小道を暫く進むと、今にも崩壊しそうな木造アパートが現れる。

望美さんの部屋は、ここの二階の角にある。

薄ぼんやりとしてチラチラと切れかかった蛍光灯の下、部屋の前で呼び鈴を鳴らす。

自分の怒りを表現するかのように、何度も何度も呼び鈴のボタンを押し続けるが、反応は一切ない。

部屋の明かりは消えていたので、恐らく留守なのであろうと何となく考えていたら、物音一つ立てることなく、いきなり扉がヌッと開いた。

玄関先に出てきた彼女は笑顔で、まるでこれから出勤するかのように、皺一つない紺のスーツを着ており、化粧も髪型も完璧に整っている。

そして明かりも消えている上に彼女の姿で陰になってよく見えないが、狭い室内には誰かがいるらしく、がやがやと酷く煩い。

「ちょっと、さっきの態度ヒドくないっ？」

そう詰問するが、望美さんは張り付いたかのような笑顔を微塵も崩すことなく、まるでよくできた人形のように佇んでいるのみ。

彼女の背後からは相も変わらず雑踏のような音が聞こえており、更に刺すような視線が酷く気になった。

「ちょっと！　誰かいるのっ！」

そう言いながら上半身を動かしつつ、望美さんの背後に視線を遣った、そのとき。

涼子さんは一瞬だけぴくんと全身を震わせたかと思うと、まるで空気が抜けた風船のように間抜けな声を喉から漏らしながら、その光景を凝視する他なかった。

目の前に佇む望美さんの背後に広がる二メートル程度の廊下。その狭い部分に幾つもの生首が転がっており、何事かを一生懸命喋っていたのだ。

暗くて性別や顔まではよく分からないが、軽く見積もって、十以上もの首が皆横倒しになって、ぶつぶつと呟いている。

爛々《らんらん》とした眼を光らせつつ、皆一様に、涼子さんの目をじっと見つめながら。

喉がからからに渇ききって、悲鳴のひの字も出てこない。

酸欠状態の金魚のように口をパクパクとさせていると、何処からか車のクラクションの音が聞こえてきた。

それを合図とばかりに、涼子さんは慌ててその場から逃げるように去った。

「大分後になってから、望美と同僚だった人から聞いたんですけど……」

翌日、望美さんはいつも通り早朝から出勤していた。しかし、挙動は明らかにおかしかった。自分の席に置いてある重要な書類を手当たり次第手に掴むと、シュレッダーで裁断し始めた。

同じく早出してきた社員が注意すると、彼女は何も言わずに机の上にあった文房具を手辺り次第に投げつけてきた。

恐らく、誰かが連絡したのであろう。慌てふためいた上司が駆け付けると、望美さんは彼の元までつかつかと寄ってきて、甲高い声でがなり立てた。

「お前のチがどう、とか。コがどうとか。ナンガツナンニチにどう、とか」

今となっては全く意味が分からないが、それでも上司には何らかの身に覚えがあったのであろう。

今まで見たことがないような真っ青な顔色になって、その場でへなへなと腰から崩れ落ちた。

それより何より、次々に出勤してきた社員達の目を引いたのは、彼女が身に着けているアクセサリーであった。

ああ、例の道で拾った猫のペンダントですか。

私の問いに、涼子さんは静かに頭を振った。

「……それが」

望美さんの身に着けていたペンダント、それは紐の部分は何か生き物の腸のようだったらしく、その体内から取り出して間がなかったのか、赤黒くぬめぬめとした光沢を放っており、とてつもなく生臭かった。

更に、トップの部分。それは猫を模《かたど》ったどころか、既に白骨化した小動物のもので、その形と大きさから恐らく猫の頭蓋骨と思われる。

その眼窩《がんか》の部分に紐を通して、首に掛けて出勤していたのである。

首にぶら下げた頭蓋骨をぶらぶらとさせながら、望美さんは真っ青な顔をした上司に向かって何事かを小声で呟くと、ふと我に返ったかのように背筋を伸ばした。

そして普段通りのおどおどとした表情できょろきょろと辺りを見渡すと、呆気に取られている皆に向かって一礼した後、その場から小走りで去っていったのだ。

当然、会社側としては損害も甚だしく、当日中に解雇通知を行った。

しかし、それを望美さんが知ることはなかった。

社員が彼女の自宅を訪れたときには、望美さんは廊下の電灯部分に紐を通して、そこからぶら下がって果てていたのである。

尚、遺体に例のペンダントは付いていなかった。

後日、望美さんの母親が、段ボール箱を一つ携《たずさ》えて、涼子さんのマンションを訪ねてきた。

「どうやら形見分けみたいです。親しくしていたのは私だけだったみたいで……」

その中には、子供の頃に一緒になって遊んだ人形やおままごとの道具、漫画本やら何やら雑多なもので溢れかえっていた。

それを目にした瞬間、二人の思い出が一気に流れてきて、母親の前にも拘らず号泣してしまった。

しかし、その日から数日経ったある夜。

望美さんの兄を名乗る人物が突然訪れた。

中肉中背で、明らかに望美さんとは二回りは年齢が離れたその男は、インターフォン越しにこう言った。

『猫ちゃんのペンダントを返してくれませんか』

しかし、彼女が一人っ子だったのはよく知っていたし、そもそもそれの在処《ありか》に心当たりはなかったので、何かのいたずらだと判断してはっきりと断った。

それから間もなく、彼女の携帯電話に見知らぬ番号から着信があった。が、すぐ着信拒否にして無視した。

違う番号から掛かってくるそれらしき着信は今でも偶にあるが、全て同様に処理しているという。

だが、暫く経ってから彼女は突然思い出してしまった。

「ええ、あの望美の兄を名乗る男なんですけど……」

彼女のアパートで目撃した、首だけの集団の中に同じ顔があったような気がする、と涼子さんは言った。

自称

そう言えば、と新井さんがこんな話を聞かせてくれた。

彼がまだ大学に入った頃の話だから、二十数年前になる。

学部の友人の友人に渡という男がいた。

清潔感に溢れた見た目をしており、好青年に見える。

ところが、筋金入りのオカルトマニアだった。

普段の言動は特にそれを感じさせないが、時々〈オカルト案件〉に出会うと、訊いてもいないのにオカルト知識を開陳する。

加えて、時折おかしなことをする。例えば、手を複雑な形に組んで何やら呪文を唱えたり、地面に図形を描いたり、メモの切れ端にのたうち回った蚯蚓《みみず》のような文字を書いて、ライターで燃やしたりしていた。

渡曰く、

「僕は密教をベースに、神道や海外の呪術の研究もしている。呪術師兼オカルト研究家なんだ」

俗に言う呪物も沢山持っているらしい。ただ彼は修行者ではない。

オカルトはともかく、人間としては悪い奴じゃない、人が良い奴だから付き合えるのだ

——が、友人達の総意である。

だから、ある意味ちょっとした変わり者の友人で済んでいた。

ところが、あるときを境に渡の暴走が始まった。

その日、サークル棟近くで新井さん達は渡と何か雑談を交わし合っていた。

内容がどんなものであったのか今となっては定かではない。

途中、他の友人が誰かを伴ってやってきた。

初めて見る男だ。三本松という名で、他の学部の人間らしい。

痩せぎすの小男で、福岡出身であるようだ。彼は仏頂面を浮かべている。

「渡の話をしたら、一度会ってみたいというから連れてきた」

三本松もオカルトマニアで、自称研究者だった。

二人はその場ですぐ意気投合した。

お互いに何やらオカルト知識や宗教知識、呪術知識を囁《ささや》き合っては含み笑いをしている。

そして、渡が地面に図形を描いた。

三本松はわざとらしく目をまん丸に見開き、口を開いた。

「おお……地面から魔力が噴き出している」

確か、そんな漫画めいた台詞だった。当然だが新井さん達には何も見えない。渡だけが、自分の理解者が現れたと喜んだ。そして図形の説明を始めた。細かい部分は覚えていないが、これは魔法陣なのだ、のようなことだったはずだ。


以来、渡と三本松が二人でいる姿を大学構内でよく見かけるようになった。

共通の友人が言うには、四六時中、プライベートでも一緒にいるらしい。

漏れ聞こえてくる噂では「あの二人は呪術師として色々なオカルト案件の相談に乗る、言わば霊能者のような活動を始めた」。

大学では二人を小馬鹿にする者ばかりであるためか、相談者は外部に多いようだった。

渡と三本松は就職活動を始めなかった。呪術師として生計を立てるのだと嘯《うそぶ》いているのを渡から直に耳にしたことがある。悪いことは言わないから就職活動をしろと助言したのだが、彼は一切耳を貸すことはなかった。

次第に悪評も増えてくる。

顧客にグッズを高値で売り捌《さば》く。除霊会合と称して、会費を貪っているようだ、と。

おかしな宗教みたいだと皆口を揃えた。

それだけではなく、法外な値段で人を呪い殺すことも始めたようだ。効き目は知らない。

一応、どんな術なのかは何かの折に渡から直接聞いたことがある。

「死ぬより辛い目に遭わせてから、ジワジワ殺す呪法を使っている。本人だけではなく、周囲の人間も巻き込む方法もある。三本松はよいシャーマン（のような言葉だったが、これもよく覚えていないと新井さんは言う）で、僕の力が増す。だから呪殺できるのだ」
○○と△△を呪い中だと、知らない名前も教えてくれた。
「此奴《こいつ》ら、大変なことになるよ」

厭な顔で笑う彼は以前の〈人の良い渡〉ではなくなっていた。

ただし、二人の呪いが成就し、人を殺したという証拠は皆無だった。


大学四年を迎えた年、三本松がサークル棟近くで階段から落ちた。

三段くらいの高さだから、特に大きな怪我はしていない。尻を打ったくらい——だったはずだが、自分で立てなくなってしまった。

伝え聞くところによれば、下半身不随だという。

その後、三本松を大学で見かけることはなくなった。退学したかまでは知らない。家族がアパートを片付けていったということだけは確かだった。

渡は相棒を失った形になったが、大学へは顔を出し続けた。

ところが夏を迎える前、彼と顔を合わせることがなくなった。

「渡、実家の縁側から落ちて、入院しているってよ」

渡と親しかった友人が、彼の実家に連絡を取って親から聞いた内容を教えてくれた。

〈庭に面した縁側から、目の前で滑り落ちた。そのままその場から動けなくなった。意識もなくなっていた。病院へ連れて行ったが回復しない。所謂《いわゆる》植物状態で、反応すらなく生きているだけの状態。大学は休学にした〉


そもそも、渡達に本当にそんな能力があったか、またそれが各種不幸に関係したのかは知らないが、と新井さんは前置きして口にする。

どういう場合でも、人を呪い殺すなんて口に出してはいけないのではないか、それも具体的に表現してはならないのではないか、と。

そう。渡が言っていた言葉だ。

まず死ぬより辛い目に遭わせてから、ジワジワ殺す呪法を使っている。

死ぬより辛い目って、それは渡と三本松のことですよね、と彼はこちらに同意を求める。半身不随と植物状態の彼らを家族は介護しなくてはならない。それは家族を巻き込んで不幸になっていることと同義だ。そして人間には寿命がある、どんな状態でもいつか死ぬ。辛い状態を維持したまま、長い時間を掛け彼らは死へ向かっているのではないか——。

あれから長い時間が過ぎたが、渡と三本松の現状は誰も知らない。

青天の霹靂《へきれき》

数年前に定年退職した野木さんは、築数十年の町営アパートで毎日を過ごしている。

若い頃は妻や子供達と一緒に暮らしていたが、大分昔に様々な形での別離を味わい、今では独り身となっている。

年々減っていく年金だけでは到底暮らしていくことができず、幾つかのアルバイトを掛け持ちしながら生活している。

年齢のせいか日々衰えていく体力を維持するために、仕事がない日でも極力身体を動かすようにしているという。

彼の住んでいるアパートから自転車で十数分のところに、小規模な山が幾つか連なっている。

「どんせ身体を動かすんなら、実が伴っているほうがええべと思ってなァ」

暇ができると、その山で専ら茸採りをして、食費を節約するよう努力していた。

最初の頃は知識がなかったので散々痛い目にも遭ったが、今では古本屋で入手した小さな図鑑を片手に、食用か否かの区別ができるようになってきた。

「茸はなァ、採れない季節なんてねェからよォ。ホント、助かるンだわ」

今では生きがいにすらなっており、茸採りをするために生きているような気もする、とまで思うようになっていた。

「ところがよォ……」

今まで活き活きと話していた彼の表情が急に険しくなり、眉間の皺がより一層深くなっていく。


度重なる疫禍により働き口がなかなか見つからなかったため、仕事のない日が続いていた、秋口の頃。

致し方なく茸を採りに、その日は早朝からいつもの山に入っていた。

天気予報通り好天に恵まれていたため、気分も高揚していたせいか勘がよく働き、タマゴタケやナラタケモドキ等を籠一杯収穫していた。

十分満足したのでそろそろ仕舞いにしようかと考えていると、辺りが突然薄暗くなってきた。

ひょっとして、にわか雨でも降るのか。

慌てて空を見上げるが、早朝と何も変わらず、雲一つない青空が広がっている。

しかも今立っている場所は鬱蒼《うっそう》とした木々に覆われている訳では決してなく、この山にしてはむしろ開けた場所にも拘らず、である。

これは、明らかにおかしい。

何処となく不穏な空気を感じ取ったのか、野木さんは急いで帰り支度をし始めた。

しかし、身体が思うように動かない。

まるでねっとりとした気体が身に纏わりついて離れないかのように、逐一の動作が重く感じられる。

次第に周りの空気までもがどんよりと澱《よど》んできたのか、いつの間にか生臭さと腐敗臭が合わさったかのような異臭までもが漂い始めていた。

極力この異臭を嗅がないようにしたせいか、いきなり目眩《めまい》を覚えて、思わず地べたに片膝を付いた、そのとき。

——おめぇ、おめぇ、おい、おめぇ！　おめぇ、ただじゃぁ済まねえぞっ！

まるで機械音声を思わせる不気味な声が、何処からともなく耳に飛び込んでくる。

咄嗟に辺りに視線を巡らせるが、自分以外の人間はおろか獣の気配も感じられない。

——おめぇ、おめぇ、おい、おめぇ！　おめぇ、聞いてるのかっ！

相も変わらず、風に乗って聞こえてくるような不気味な声。何度も何度も周囲を見渡すが、その声の主の姿は一切見えない。

——おめぇ、おめぇ、おい、おめぇ！　おらぁ、知ってっぞ！　おめぇはこの山で！　おめぇはこの山で！

『……おらァを殺《あや》めたんだ』

突然、若い女の声が耳元でそう囁いた。

吐息が耳に当たり、腐肉を思わせる臭いが鼻孔を貫き、右の耳朶《みみたぶ》に激痛が走った。

「ひゃっ！」

驚きと痛みの余り、瞬時に飛び上がって視線を遣る。

艶を失った長い髪の毛と荒れ果てた樹皮のような顔の一部を、ほんの一瞬だけ視覚の端に捉えたが、それらはまるで周囲に溶け込むように即座に消えてしまった。

野木さんは声が嗄《か》れるほどの大声で叫んだ。そして、収穫した茸なぞそっちのけで、ぼたぼたと血が滴り落ちる右耳を手で押さえながら、全力で山を下りていったのである。

「ほらァ。こんなんになっちまったんだァ」

彼の右側の耳は下部が引きちぎられたようになくなっていた。凸凹になった傷痕がとても痛々しい。

医者の見立てでは、柔らかい耳朶を何かに齧《かじ》り取られたのであろう、とのことであった。

「何かって、一体何だよォ、っておらァ思ったけどよ。医者には言えねェよなァ」

あの出来事以来、あの山には一切足を運んでいない。

「何で、こんな目に遭うのかなァ。身に覚えなんてある訳がないしなァ」

あの山で事件があったなんて話は聞いたことがないし、彼自身も茸採りに利用していただけである。

「でもよォ、あの恨みったらしい言葉がなァ。今でも耳に残って消えないんだよォ」

全く身に覚えがなくても、何故か心の奥底に楔《くさび》のように打ち込まれており、延々と苛み続けているという。更に右耳の傷もほぼ毎日のように痛み続けている。そのせいか、ここのところめっきり老け込んでしまい、ちょっとした階段を上り下りするだけで息が切れるようになってしまった。

生きるためにはまだまだ働かなければならなかったが、ここまで体力と気力が落ちてしまうと働き口がかなり少なくなるらしく、なかなか難しいようである。

「もう、駄目かもなァ」

力のない声でそう呟く彼に対して、役所に相談することを勧める以外、何もできなかった。

鼠捕り

「昔勤めてた工場《こうば》でよ。いんや、最近じゃあねえよ。ずっと前……かなり大昔だよ」

今ではとんと見かけなくなった両切り煙草の紫煙を燻《くゆ》らせながら、坂上さんは呟くように言った。

長年の喫煙とアルコールのせいなのか、四六時中痰《たん》の絡んだような濁声《だみごえ》で、ぽつりぽつりと失った記憶を思い起こすかのように。

坂上さんは高校を卒業した後、地元にある水産物の缶詰工場で働いていた。

作業員の殆どは近隣出身の中高卒者で占められ、老いも若きも皆口唇を真一文字にして、朝から晩まで必死に汗を流していた。

「やっぱしよォ、なんぼ気い付けてもコンベアから落ちるんだよな。魚がよ」

一見清潔そうに見える場内であったが、よく見るとあちらこちらに腐った鰯《いわし》の欠片が散乱している。

生臭さと腐敗臭は想像を絶するものであったが、工場の責任者を含めて誰も気に留めはしない。

当然、臭いに釣られて様々な動物が工場内に集まってくる。

虫類、とりわけ蝿やゴキブリにも手を焼かされたが、特に厄介なのは、鼠であった。

商品や設備に被害が生じることも多々あったので、工場のあちらこちらに鼠捕りの罠が仕掛けられていた。

今では一般的な粘着シートではなく、カゴ式もしくはバネ式が主流であった。

カゴ式は餌でおびき寄せ、鼠が食らいついたところで籠の入り口が自動的に閉まり、生け捕りにする。

バネ式は餌でおびき寄せ、鼠が食らいついたところで強力なバネが鼠の身体を挟み込み、その場で圧殺する。

この工場では主に、カゴ式の鼠捕りを採用していた。

当然、毎日のように鼠は罠に掛かる。

当初、それらの始末は選別作業員が行っていたが、食品を取り扱う者がやるのは何かと問題が生じてしまうだろうということになった。

そこで白羽の矢が立ったのが、向田という年配の社員であった。

「社長の遠縁か何かで入ってきたんだが、ホント何もできない奴でよ。でも、アレの始末だけは喜んでやっていたなぁ」

向田はすこぶる寡黙で人付き合いもほぼ皆無なことから、何を考えているのか見当も付かないような男であった。

長い間散髪をしていないせいか髪はだらしなく伸び切って、大分洗っていないと思われる薄汚れた作業服をいつも身に纏っている。

何の仕事のために雇われている男か誰も知らなかったが、罠に掛かった害獣の始末をやらせるのに丁度よかった。

キュッキュッと甲高い声で鳴き続ける丸々と太った鼠が入った籠の行き先は、勿論決まっていた。

工場の裏手には小さな溜め池があり、妙に濁った生臭い緑水が深さ一メートルほど溜まっている。

捕まった鼠は籠ごと水に数分間沈められ、溺死させられる運命となっていたのである。

引き揚げられた死骸は裏口にある小さな焼却炉で燃やされ、灰や骨は他の不要物と一緒にゴミとして出される。

従業員の誰もが嫌がるこの作業を、彼は表情一つ変えずに淡々とこなしていた。

「でもよォ、あん時だけはなァ、おっかねえ表情を見せたんだ。そう、アレは確か……」

工場の周りに降り積もった雪が一気に融けていった、春先にしてはやけに暖かい日のこと。

間もなく昼休憩を迎えようとしていたとき、工場内で女子社員の小さな悲鳴が上がった。

坂上さんが視線を動かすと、扉の近くに置いてあった鼠捕りに、鼠ではないものが掛かっていたのだ。

「たまァになんだけどな。掛かるときがあるんだよ。うん、そう。猫が」

工場の近くには廃屋や不法投棄のゴミが散乱している場所がある。そこに住み着いているのか野良猫が非常に多かったため、何らかの理由で親猫と離れた子猫が工場内に紛れ込み、鼠捕りに掛かることが稀にあった。

「そんなときはなァ、飛んでくるんだ。そう、奴が」

鼠のときはいつも事務的に処理していた向田が、子猫が罠に掛かったときだけは、目付きが極端に変わった。

どことなく喜々としたような、驚くほど恍惚《こうこつ》とした表情で、不気味な笑みを浮かべながらやってくる。

「そんときアイツはなァ、決まってこう言うんだよ」

おお、可哀そう可哀そう。すぐに逃がしてやっからな。

あるとき、向田が籠を持って裏口へ向かっているところにばったり出くわしたことがあった。

「可哀そう可哀そう。すぐに逃がしてやっからな」

相も変わらずそう呟きながら、裏口へと小走りに向かっていく。

視線を向けると、向田が抱えている籠には小さな黒猫が入っているらしく、蚊の鳴くようなか細い声で鳴き声を上げながら、大きな眼で不安そうに周囲を見渡している。

薄気味悪い野郎だな、と坂上さんは思いながらも、その日は何故かこっそりと奴の跡をつけることにした。

向田は例の溜め池の前に佇みながら、妙に嬉しそうな表情をしつつ籠を顔に近付けている。

相変わらず不安そうに、子猫がにゃあと一声鳴いた。

「可哀そう可哀そう。ホント、可哀そうになあ。今な、今、楽にしてやっからな」

そう言うなり、子猫の入った籠を水面へと徐々に近付ける。

思わず声を上げそうになったが、咄嗟に思い留まった。

何故なら、奴の表情が、笑みを一切含まない冷酷な面へと瞬時に変わったからに他ならない。

「……とてもじゃないが見てらんなくてよ」

坂上さんはこれから繰り広げられるであろう行為に目を背けて、忍び足で工場内へと戻っていった。

「アイツの表情を見てよ、ピンときたんだ」

もしかしたら、ここいら一帯で最近話題になっているあの件も向田が関係しているのではないだろうか。

この近辺では、暫く前から飼い犬や飼い猫が行方不明になってしまう事件が続発していた。

自分の愛する犬や猫が突然いなくなってしまい、失意のうちに亡くなってしまった人もいるとの噂もある。

町を少し歩くだけで、電柱や壁に貼られている色褪せた張り紙が嫌でも目に入ってくる。

「そんで、オレもな。何かしたほうがいいのかな、なんて思って……」

公衆電話から警察に匿名で電話を掛けて、向田の怪しさを一生懸命説明したが、対応した署員のあからさまに面倒臭そうな態度にあきれ果てただけであった。

向田はヤバい。

そんな空気が工場内に広がっていった頃、それに呼応するように彼の態度もおかしくなっていった。

「寝巻き姿で出勤するようになってよ。しかもよォ、何かが腐ったような臭いをプンプンさせながら、涎を垂らして一日中にやにやしているんだ」

そんな格好で仕事場に来ることは、食品工場としては許されないはずであったが、鼠を処分する仕事だけはきっちり行っていたため、残念ながら工場長も向田には何も言えなかった。

そんな状態での出勤が続いた、とある暑い盛りの日。

向田の姿を見るなり、複数の女子社員から悲鳴が上がった。

皆一様に奴を指差しながら、判で捺したかのように口をパクパクさせている。

向田とは関わり合いになりたくなかった坂上さんは極力見ないようにしていたが、余りの騒々しさに仕方なく奴に一瞥をくれた。

「……ホント、驚いたのなんのって。あんなもの見ちまうなんて、初めてだよ」

薄ぼんやりとした陽炎のような何かが、向田の背中に張り付いているように見えた。

不思議に思ってじっくり見定めようとした途端、その陽炎が次第に形づいてきたのだ。

それは、髪の長い老婆であった。

臙脂《えんじ》色の服を着て、灰色の乱れた長髪を振り乱しながら、向田の首へと向かって枯れ枝のような腕を伸ばしている。

そして節くれ立った細い指を、彼の首筋に突き立てていた。

「うわって思ってな、すぐに隣にいた班長に話したんだけど……」

班長は向田のほうをちらりと見ただけで、おかしなこと言ってないで仕事しろっ、ときつく返してきただけであった。

坂上さんは慌てて視線を周囲に巡らすが、騒いでいる連中はほんの数人で、それ以外の人々は黙々と自分の仕事を行っていた。

「うん、そう。見えてはいけないものなんだべな、ありゃ」


翌日。

坂上さんが出社すると、同僚からとんでもない話を聞かされた。

早朝、工場の裏を流れている川の下流で、変わり果てた姿となっている向田が発見されたとのことである。

何故か衣類は一切着ておらず、全裸で川っ縁のごろた石の上に転がっていたそうだ。

その皮膚は川の岩や石に切り裂かれたのか、全身隈なく大小の傷が残っていた。

そして何故か、遺体の周りには大量の犬猫と思われる白骨が散乱していたという。

「何だか訳の分からない話なんだけど……」

全部実際にあったことであると、坂上さんはいつになく真面目な表情で呟いた。

抜く話

それは、彼女の父方に伝わる風習であるという。

「古い家、らしいんですよね」

本家があって、分家があって、親族が相応の集団を成していて、勢いがあった。

——なるほど、旧家という奴ですね。

彼女は頷く。

「これは、世継ぎが必ずやることになってまして」

世継ぎ、つまり本家筋の長男がそれをすることになっている。

これには一人の例外も許されない。

本家お抱えの祈祷師というのがいて、そこへ赴いて〈儀式〉を行う。

——なるほど。その儀式というのは具体的には。

「それが、全然。具体的に何をしているのか、何故行かなければならないのか、同じ一族の私達でも教えてもらえないんです。父は次男で分家筋だから」

長子にだけ一子相伝、長子以外には伝えてはならない、家伝秘伝の儀式であるという。

ただまあ、そういう秘密や決まりというものは、何だかんだで〈漏れる〉ものと相場が決まっている。

正式かつ具体的なことは教えてはもらえなかったが、若い親戚から断片的なものは漏れ伝わってきた。

開催時期は夏であること。

長子が幼いうちに必ずやること。

この辺りまでは、隠すほどでもないことなのか、公然の秘密という奴であるせいなのか、一族の皆が口にせずとも知っている。

その儀式で行われていることは、〈糸を抜くこと〉であるという。

「左手——いや、右手だったかな。指と指の間から糸が出てくるんですって」

それが本当に糸なのかどうかは裏付けを取れなかったので分かりかねる。

だが、幼子の指の股から〈白い糸、又は紐のようなもの〉が伸びてくる。

蕎麦かうどんか、太さについても判然としないが、糸のようなもの、紐のようなものというからには、さほど太いものではないのだろう。

「それを切る……いや、つるつる伸びてくる糸を、抜き取るんですって」

儀式というよりも、幼子に施す呪《まじな》いに近いものらしい。

そのとき、彼女の従兄弟も呪いを受けた。

昔からある風習なので、そうすることについては誰も疑問を抱かなかった。

ただ、そうする理由は秘中の秘らしく、肝腎なところが分からない。

が、本家筋だけに関係することではないらしい。

分家筋はこの呪いには関わらないが、次男三男や長女次女などの家系も、夏休みに入ると各々何らかの土産物を持って本家を訪ねることになっていた。

彼女も幼少のみぎり、父に連れられてこの時期の本家を訪ねた記憶がある。

屋敷全体が薄暗く、人の気配があるようでいて空虚、空虚でいて過密。

あまり、良いものとは言えない空気に満ちていた。

そのように覚えている。

「それも三十年ほど前の話です。三十年前までは確かに行われていました」

――最近は？　今は続けていない？

「今は……本家に世継ぎがいないんですよ。だから分からない」

筑紫さんは、そう言葉を切った。

ここまで伺って、ふと、昔よく似た話を聞いたことを思い出した。

怪談作家という稼業を続けていると、稀に類話を引き当てることがある。

四半世紀も前に、『新「超」怖い話 彼岸都市』に書いた「疳《かん》の虫」がそれだ。

以前は確か、「疳の虫を抜くのだ」「子供にのみそれをするのだ」と聞いた。それは西日本の風習で、やはり僧侶や神主などではなく、祈祷師、拝み屋に類する職の人がそれをするのだ、とも。

長きに亘る怪談作家人生で、疳の虫の類話を聞くのはこれが二件目で、記憶にある限り類例がほぼない。

爪に火を灯す

爪に火を灯す、という言葉がある。

蝋燭《ろうそく》や油の代わりに、自らの爪に火を灯し明かりの代用とするという意味だ。

これは「大変に吝嗇《けち》なこと」を表す。

また「大変につましい生活を送ること」「非常に貧しい生活を送ること」も表現している。吝嗇家《りんしょくか》とつましい生活者、非常に貧しい生活を送らざるを得ない者。それぞれ意味合いが違うことが、肝要な言葉かもしれない。


阿藤さんが言う。

――某家は俗に言う富裕層である。

富裕層の多くはある意味吝嗇だ。

爪に火を灯す、つましい生活をする人が多い。が、同時に最適な金の使い道を知っている。だから富裕であることを保てるのだ。

また、金は金を呼ぶ。金を沢山持っている家には、金が集まるという話もあるから、富裕層が富裕層を続けられることに不思議はない。

また、急に金を持った――俗に言う成金も、きちんとした人間はその金が身に付く。だが、そうではないケースだとその人間は金に喰われ、碌《ろく》なことにならない。ただ金を持っているだけである。金に喰われると、悪しき人間達が群がってきて、そいつらにも様々なものを喰われる。金、命、運気などだ。だから最悪な結果が待っている、と。


爪に火を灯すと言えば、こんな家の話があると続けて阿藤さんが聞かせてくれた。

彼はあるとき、某家の娘と懇意な関係になった。

その娘は富裕層の家の人間だが、締めるところはきちんと締めている。

「たとえ富裕層の家だとしても、基本は節約を心がけている。それこそ爪に火を灯す生活を心がけるくらい」というのは、その娘の言葉だ。

なるほど流石だ、と阿藤さんは感心した。要するに金の運用などを含め、無駄を省く意味もそこに内包しているのだと理解したからだった。

娘との付き合いが深まった頃だった。彼女からある秘密を吐露された。

「私の家は家業が上手くいくよう、代々伝わる〈カミ〉を拝んでいる」

娘の家では代々信仰するカミを崇拝することを是としている。

カミの名は独特のものであり、家独自のカミである。

家の奥に祭壇を設《しつら》えているが、部屋に窓はない。外部の人間に見られてはならないと言われているからだ。見られたら〈カミが裏返る〉ので家は没落し、家族は死に絶える。家が断絶する。下手したら住む土地一帯に影響を及ぼす。それほど強いカミである。


祭壇で年に二度、家長の髪と爪を焚《た》いて繁栄を祈る。

使うのは切った髪と爪を半年分集めておいたものだ。

髪と爪を焚くと、非常に美しい炎を上げる。

この形と色味で半年分の先を占うことも可能で、明るい赤で真上に燃え上がるなら、運気よろし。加えて全力で商売を進めよ。

濃い朱で捻れるように燃え上がると相場が荒れるので、気を付けよ。

静かに青紫に燃えるのなら身を慎み、人のために過ごすように。

火が燃え上がらないときは、世が乱れるので密かに家の者を護れ。

など、色々ある。一部を除き共通しているのは、どれも普通の炎より綺麗な色味で、目を奪われるほどであることだ。

外部の人間に見られてはならないのだが、一度家族になれば見られても問題ない。例えば、嫁に入る、或いは婿に入ることだ。

もしこの綺麗な炎を見てみたいなら、阿藤さんが私の苗字になればよいのだけれど、どうする？　と娘が訊いてきた。遠回しな求婚だった。

理解が追いつかず、一瞬答えに迷った。

正味の話、こんな突拍子もない話を突然聞かされ、はいそうですか、婿入りしますとなる人間がいるはずがない。しかし相手への愛情はある。

だから出てきた答えは「別に見たくないし、君が僕の所へ嫁に来るといい」だった。

相手は少し心外そうな顔を浮かべたが、それ以上話は進展しなかった。

それ以来、何となく認識の違いが重なり、彼女とは別れた。

正式な婚約をする前だったので、大きな問題にはならなかった。

ただ、彼はこの富裕層の家のことを面白おかしく脚色して、友人知人に話して聞かせたという。その内容から富裕層の家が何処の誰か予想が付くものであった。

初回取材時もそこが引っかかった。

流石にこのまま書けない、と判断せざるを得ない状況だったことは否めない。

だから世に出すつもりはなかった。

その後、阿藤さんから連絡が入った。

『あの富裕層の家に、訴えられそうです』

彼が吹聴している話がその家の耳に入り、名誉毀損や営業妨害に値することだと判断、激怒されたからだ。

取材をしているこちらにもその累が及ぶかもしれないから、申し訳ないと言われた。

まだ本にしていないのだが、相手方の言い分も理解できる。

だから、その富裕層の娘さんか、その家族、どなたかの話も直接伺ってみたくなった。

アポイントメントを取れないかと阿藤さんに打診してみる。

難色を示したが、結果的にアポを取って頂いた。

会えたのは娘さんとそのお父さんだったが、初対面のときは硬い表情をされていた。

会話を重ねていくと、次第に対応が良い方向へ変わってくる。と同時に彼らの話し方は実に理路整然として、内容も頷けることばかりであることに気づいた。

加えて阿藤さんから聞かされた話も当事者からの補完ができた。

とはいえ、流石に書かないほうがよいだろう。だが、向こうから「書いてもよい」と許可が下りる。これこそ僥倖《ぎょうこう》だろう。

ただ、阿藤さんが尾鰭《おひれ》を付けた部分とプライバシーに関連する箇所をカットすることが条件だという。結果は前述の通りである。

ではどうして彼らは書いて良いと思ったのだろうか。

曰く、こちらと話しているうちに問題ないと判断したから、だった。

結論として訴えることはしない。勿論阿藤さんもだ。代わりに貴方は頑張るように。応援している、と嬉しい言葉まで頂いてしまった(詳細は省く。かなり具体的な内容で、どう頑張るか、どう仕事と向き合うかの助言すらあった)。

因みに後から阿藤さんと話したが「この前、叱責された。大の大人相手とは思えないほどの注意を受けた」とのことである。

よって本稿は娘さんとお父さん、阿藤さんに許可を得た後、書いた。

結果、このような形になったことを読者諸兄姉には御了承頂きたい。

街路樹の傍

ある地方都市の県道には街路樹が植わっている。

その街路樹が並んだ場所に五叉路があり、押しボタン信号が立っていた。

信号のすぐ横には、一本の街路樹が寄り添うように佇んでいる。


某人はよくその五叉路を通っていた。

日々の通勤や買い物だけでなく、彼女の幼い息子との散歩にも使っていた。

通りは交通量が多いので、常に手をきつく握るか、危なそうな場所では抱き上げる。

自分で歩くのだと息子は嫌がるが、危険だからと言い聞かせた。


息子が五歳を迎えた頃だ。いつものように彼と散歩をしていた。

五叉路に差し掛かったので抱きかかえる。

息子が街路樹横にある信号機を指差した。ボタンを押したいのかと訊けば、彼は違うと首を振る。信号機が付いたポールに手を触れて、こう言った。

――もうちょっとで　しん……。

車の音で聞き取りづらかったが、しん。しんじゃう。死んじゃう、と聞こえた。
息子が言うには「これが　いっている」とポールを示す。
いい間違いか冗談かと、もう一度訊いた。
「何？　どうしたの？　何が？」
息子は笑って「もうちょっと　で　しんじゃうの　って　これが　おはなし　している
の」とポール表面に改めて触れた。
何が死ぬのかと恐る恐る訊ねると、息子は自分の右頬に自らの右拳を擦り付けた。
ああ、やはりこの子のことか――某人の血の気が引いた。
オカルト番組やネットで見るような、死期を告げる予言話を思い出す。
いや、これはただの戯れ言だと否定しながらも、不安が勝ってしまった。
夫に相談したが、笑い飛ばされて終わる。
その日から、彼女は息子の動向に注意して過ごすようになった。

それから十年以上経った。

息子は生きている。今は高校の進学クラスで元気に勉学に励んでいるところだ。

あの五叉路での一件を、本人は全く覚えていない。

ただ〈しんじゃうの〉の発言があった後、同居していた義父母が亡くなった。

最初に義父が職場の事故で。次に持病ありの義母が自宅で倒れてそのまま黄泉路へ就いた。丁度義父の四十九日が済んだ翌日だ。倒れたとき誰もいなかったことで、発見が遅れて、手遅れになったのだ。

義父母の葬式を出した後、某人はほっと胸を撫で下ろした。

彼女は、義理の父母と折り合いが悪く、常々ストレスを感じていた。

今は夫と息子の三人になって、快適な生活に落ち着いている。


二度目の取材で、実は、と某人が漏らした。

息子が放った謎の〈しんじゃうの〉の言葉が、義父母の死を予言していたのではないかと思うことがあるのだ、と。ただ、それだけではない。

自分が義父母を呪い殺してしまったのではないかと、彼女は恐れを抱いている。

あの頃、義父母が生きていた当時、彼女は時々誰もいない場所で愚痴を漏らしていた。

それも〈義父母（実際は義父母の下の名前）め、死ねばいい〉〈糞どもが。しねしねしねしね〉など、かなり口汚い内容で。

その悪い言葉が義父母を呪う形になり、その影響で息子が〈もうちょっとで　しんじゃう〉などの予言めいた言葉を口にしたのではないかと言うのだ。

では話に出てきた五叉路と信号にも何か関係することがあるのかと訊ねてみる。

彼女は首を捻った。

毎日通るあの五叉路周辺ではそんなことを口にしたことはないらしい。

そもそも、通勤や買い物、大事な息子との散歩に使う道だ。そんな邪気に塗れた言葉を漏らし続けたらいやなイメージがついてしまうだろう。

ただ単に、息子が〈しんじゃう〉と言った場所が五叉路であっただけのことだ。

大体、息子が口走ったことも、幼子が大人やテレビの言うことを真似しただけという可能性が高いのでは、と彼女は振り返る。

一連の出来事はそれぞれ無関係で、これらはただの偶然が重なっただけだと、彼女は自身の考えを取材の場で吐露した。

今も五叉路はあって、そこに街路樹も信号機も立っている。

信号機本体は新型に付け替えられたが、それくらいだ。

何処にでもありそうな風景は変わらずそこにある。

ただ、取材を受けてから、仏壇から位牌《いはい》が落ちることが増えたと彼女から連絡があった。

亡くなった義父母の物二つで、暗がりに落ちていると間違えて蹴飛ばすことも多い。

だから落ちないよう位牌の台座の裏にテープを貼り、仏壇に固定している。

老人と川

満さんの御実家の話である。

「うちの実家は旧宅と新宅と二つあってね。新宅建てたのは俺が小学生のとき。旧宅は、木造の古～い家だったな」

旧宅は川沿いにあった。新宅はそこから緩やかな坂を上がっておよそ三百メートルほど離れた、県道沿いにある。

「うちの辺りじゃ古い家も壊さず、そのまま使うんよ。近所も大体そんな感じだし。父ちゃん母ちゃんと俺ら兄弟だけ新宅に越して――」

田舎では土地が安いこともあり、新しい家を建てても古い家を残し、倉庫や農具置き場などに利用することがある。

また年老いた祖父母がそのまま住み続けるケースも多く、満さんの場合も当初はその予定であった。

「――と思ってたんけど。何か色々あったんやろな」

当時満さんは小学生。詳細を聞かされない間に、どうやら計画は大きく変更されたようだった。

新宅は二世帯住宅になり、祖父母も同居することになった。

彼はそこが少し腑に落ちなかった。

「いや別にイヤじゃないけど。最期まで住み慣れた家で暮らすんだってじいちゃんばあちゃんが自分らで言ってたんよ。それが何で急に気が変わったんかなって」

若かった満さんにとって旧宅は住み易いものではなかった。しかし決して悪くはない。風呂が小さくて不便、便所が水洗じゃないなど不満は幾らでもあれど、広々とした敷地に立派な屋根瓦の燻《いぶ》し銀の広がる様は堂々としていた。

古いとか新しいとか便不便といった軸では評価できない感傷はある。

だがその広い旧宅の隅々にまで詰め込まれた重みや歴史を、丸々新宅に持ってゆける訳ではない。自然と、何を持って何を置いてゆくか選ばなければならなくなる。

「ゆうてすぐ近所だからね。旧宅も壊す訳じゃなし、そんな大変でもないって思ったんだけど、一個だけ、変なモノ見つけて……」

押し入れの上から屋根裏に上げられていた、大きな木箱が見つかったのだという。

木箱は一辺が一メートル強ある浅いもので、布団で包んで縒《よ》り紐で括られていた。

満少年の父が屋根裏からそれを持ち出したとき、彼はきっと宝物だと思った。

父が首を傾げて開けてみると、中身は一抱えもある大きな陶磁の皿だった。

青く描かれた複雑な模様の中に、一際複雑な鱗のようなうねりがあって、龍のように見える。

そのとき祖父母の間でちょっとした諍《いさか》いが起きた。祖母はそれを新宅に〝上げる〟と言い、祖父は頑としてそれを拒んだ。

それまで床の間に飾られていた皿と似ているが、飾るなら断然こっちのほうだという気はする。

何せデカい。模様が龍みたいでカッコイイ。

だが祖父は、その皿をこの旧宅から決して出してはならないという。

価値があるのかは分からないが、立派であることは間違いない。満少年は、そのときその皿に強く興味を持った。

「結局、皿は旧宅に置きっぱなしにして。で、後でじいちゃんに訊いてみたんだ」

祖父は、あの皿は〝預かり物〟なのだと話した。

誰から預かったものなのか、その問いに祖父は『竜神様』と答えた。

思わず笑ってしまった満さんだったが、祖父は厳しく窘《たしな》め、『今お前らがいるのも、皆その竜神様のおかげなんや』というのだ。

「……そう言われても、へぇそうなんだとはならないよなぁ。逆に『えっ、どういうこと？』って訊いたんだけど」

祖父は満さんに対して、それ以上のことを語らなかった。


新宅は便利だった。朝、窓から登校班が来るのを見てから合流できるし、歳の離れた弟も園のバスに乗り易い。川近くの旧宅で暮らしていた頃は、雨でも雪でも間に合うように坂を上がって県道に出、待っていなければいけなかった。

足繁く旧宅に通っていた祖父母も次第に足が遠のいていた。

同時期、近所で不審者が目撃されるようになった。

田舎であるから余所者は目立つ。そうした一般論とは別に、その不審者はどうも妙だったのだ。

頭からずぶ濡れだったとか。

全身真っ黒な姿で、目出し帽のようなものを被っていて顔は全く分からないとか。

泥棒なら逆に目立つ。

しかしその人影は巨大な〝リュック〟のようなものを背負っているらしく、シルエットはまさしく漫画の泥棒である。

回覧板を回しに来た近所の年寄りにも散々注意された。ところが学校や商店では話題にもなっておらず、どうやら不審者は川の近くでのみ目撃されている。

それも、古い家ばかりでだ。

満少年はそれを知ってむしろ安心した——彼の家は新しかったのだから。

しかしすぐに例の皿のことを思い出した。旧家には引き揚げられなかったモノがまだ残っている。祖父母もあまり通わなくなった今、泥棒にとって盗み放題だ。

彼は、祖父を捕まえて警告した。

祖父はすぐには取り合わなかったが、はたと何かに気付いたような顔をして逆に満少年に告げた。

——そいつは人ではねえ。〝エンコ〟や。

——エンコは水神様や。

——いいと言うまで決して旧宅に近付いてはならんぞ。

——取り返しに来たんだ。

それから祖父は、孫の忠告に逆らって足繁く旧宅に通うようになった。

夕食の時刻が近くなって、「おじいちゃん探してきて」と母に頼まれた。

「朝から姿が見えないの。また下の家だと思うけど」

ここ数日、祖父は旧宅にまで下りている。祖父は大抵朝早くか、満少年が学校にいる間に見回りしていたようだ。

縁側から見える空にはまだ残光があれど、戻ってくる頃には暗くなっていそうだ。

彼は念のため懐中電灯を持ち、旧宅までの緩やかな坂を下りてゆく。

ほどなく、背の低い木々の向こうに光を失った瓦が見えた。

雑木林を回り込む形で一段高くなった土手を下りると、途端に道路の音が遠のき、合間に川のせせらぎが入り込んでくる。

あとは私道を川に沿って進めば、すぐ旧宅の庭だ。

川は、簡単な堤防を兼ねた護岸工事がなされていた。そこから河原に下りる急な階段があって、祖父はその階段に座っていることが多かった。

念のため見下ろしてみたが、そこには姿がない。

ただ、どうもここに人がいたような気配はある。当時の彼には思い至らなかったことだが、今思えばコンクリート打ちっぱなしの階段ステップに、黒々とした足跡が残っていたように思う。

荒れた庭をぐるりと回って確認しても、人影はない。

「――じいちゃん！」

祖父母が手入れを続けているものか、下草などは綺麗に刈られていて空き家のようには見えなかった。これも当時は気付かなかったことだ。

きっと他にも多くの見落とし、気付いていたのに特に不審に思わなかったサインは沢山あったのだろう。

逆に当時だからこそ明らかだったこともある。

祖父は今旧宅の中にいるという確信、そして旧宅の玄関口に飾られた、注連縄《しめなわ》の存在である。

こんなものはなかった。いや、どの家にもない。

――じいちゃんは、家を神社にしたんだ。

そう思った。彼はその頃、田舎の神社とは人の住まなくなった家を祀《まつ》り上げたものだと、何故か思い込んでいたのである。だから皆、古い家を壊さずに残しているのだと。

「改まって聞かれると恥ずかしいな。神社って……ま、家じゃん。最近の家ちゃうけど、教科書に出てくる倉庫や古い家の形しとる。じゃ『祠や神棚は何？』って訊くと、そこにも神様がいるんだって言われる訳や」

神様は小さな祠や、家の神棚にいる。なのに立派な家もある。

これが彼には矛盾に思えた。繋がらなかったのだ。そこで、これらを一つに繋ごうとしたのだろう。

「神棚とかどの家にもあるやろ。なら、人が出てった家を神様にあげてるんかぁって」

人が住まなくなった家に、その家の神棚から出てきた神様が住む。

つまり今ある神社は、遠い昔の古い人家なのだと。


じいちゃんの家は、神様の家になろうとしている。

磨りガラスの嵌《はま》った引き戸を前に、今はどっちのものなのか、彼は考えあぐねた。

しかし今、祖父は中にいるはずだ。ならば、まだ神様の家ではないのではないか。

「じいちゃん？」

ガラガラと戸を開く。

土間には、何故か縦横に何本ものロープが張り巡らされていた。

それを避けながら上がり框《かまち》に近付くと、そこに祖父の靴がある。間違いない。祖父はここだ。

「——カエレ！」

突然大きな声が、建て付けの悪い戸を何枚も震わせた。

思わず竦んだ彼は今更ながらに、いいと言うまでここへは近寄らないよう命じられたことを思い出す。

ここは水神様の家になった？

だがそれなら『いいと言うまで』とは？

「だってじいちゃん、御飯やって、お母さんが――」

慌てて一歩退くと、足がロープに引っ掛かった。

すると、左右の壁にぶら下がった沢山の空き缶が、鐘のように鳴り響き始めた。

「じいちゃん、これ止めて――」

言い終える前に、玄関の奥、茶の間の引き戸が開いた。

祖父だ。

一抱えもある巨大な皿を、大事そうに抱えている。

だがその後ろに――巨大な影があった。

人影だとするなら余りに長身である。

しかしそこからは二本の腕が伸び、祖父を突き飛ばす。

祖父は皿を抱えたまま廊下に転がる。

認めざるを得ない。影は、人影である。腰を曲げて、それでも尚頭が天井につきそうだ。

満少年は叫んだ。

叫びながらもあらん限りの勇気を振り絞って、人影に懐中電灯を向けた。

黒い。しかし光沢がある。

光を当てると、それは濡れそぼった毛並みだ。

全身毛だらけで、真っ黒に濡れた巨大な人影は、祖父に覆いかぶさって皿を奪おうとしている。

「――返す！　返すが、も少し待ってくれんか！　せめてな、あと一年――」

祖父は、覆いかぶさる人影に何やら必死に、しかし小声で訴え続ける。

人影は動きを止めた。

ぼそぼそとした声が聞こえた。

祖父のものも、そうでないものも混じっていたように思う。

どれくらいの時間があったたか。やがて人影は上半身を起こし、こちらへ背を向けた。

その背中には、また別の巨大な皿のようなものを背負っている。

皿、いや、大きな白いナップサックのようだ。

満少年は、それが何だったのか今も分からない。

皿の絵柄がそう見えたのか、それともサックの皺がそう見えたのか——それは巨大な、女の顔に見えた。

顔の皿を背負った雪男のようなものは、そのまま家の奥、懐中電灯の光の届かない暗がりへと、窮屈そうに消えていった。

祖父は皿を脇へ置き、這うようにしてこちらへ戻って、孫を抱えて外へ出た。

帰り道、満少年は祖父に「家は神様のものになったん？」と訊ねた。

祖父は面食らっていたが、「そうだ」と何度も頷いた。


「あれが何だったんか……じいちゃんは話してくれるって言ってたけど、結局その翌年死んじゃった。俺が中学に上がってすぐ」

葬儀の準備の際、あの皿が消えていることが判明した。遂に泥棒が入ったとも言われたが、他にあった貴金属類には全く手付かずであった。

葬儀の席で、父親と祖母は思い出話を語った。満さんの父は、子供の頃に川で溺れて死にかけたことがあるのだという。

祖父は自分の息子に普段何ら愛情を見せない厳しい男だったが、そのときは何日も寝ずの行水をした。

そこで〝エンコ〟と会ったのだという。酒を飲まない祖父だったが、稀に酔うとその話をした。

満さんからすれば、どれもこれも初耳の、それも意外な話ばかりである。彼にしてみれば、祖父は不器用だが、家族思いの優しい祖父だった。

〝エンコ〟とは河童の意である。

満さんの知る河童とはかけ離れたものであったが、要素で言えば確かに甲羅のようなものを背負って、川から来て、皿にも執着を示していた。

本当に河童ならば、龍や弁天と並んで水神であるとも言われよう。

けれど満さんは、やはりあれは河童ではないものの、水神の類なのだと思っている。あれだけ巨大ならば皿も大きいのだろう――満さんにとっては、そのほうが遥かに理解し易かった。

そうでなければ、変わった泥棒の見間違いである。

祖父が亡くなる直前、満さんは中学に、歳の離れた弟は小学校に入学した。

祖父にとって最期の一年は、家族にとっても眩く、かけがえのない時間であったことだろう。

それは、紛れもない事実だ。

オール・オア・ナッシング

ある新興宗教団体があった。

信者それぞれが、その教義に沿って信心を続けていた。

団体内は祖師（教祖と同意）以外は信者皆平等とされていた。

それなのに幹部が複数いる。それらは敬意を持って他の名で呼ばれていた。ただ、ここではそれを記さない。理由は言わずとも分かるだろう。だから以降は幹部と記す。

幹部がいるということは他にも階級があると言うことである。

ただし、その階級を表現する名はない。それでも確実に地位や権力差はあった。

階級を決めるのは、お布施額と布教活動の成果、信者同士の政治的パワーバランス他だ。

これらは信仰心の現れと信者は称したが、単なる詭弁《きべん》でしかない。

地位と権力が生じれば、どんな世界でも当然のように争いが起こる。

〈自分が一番の信仰心を持っている〉

〈自分の子は祖師様に特別に目を掛けてもらっている〉

〈団体の教えに忠実なのは我が家であり、他の信者よりも信仰への理解は上だ〉

〈私は団体の素晴らしさを人々に説き、招き入れて救う。それこそ正しい信心だ〉

――など、全員が争った。

当然ながら自分達が働いて得たお金も限界まで、否、限界を超えてお布施に回す。

何故、彼らはこのような行動に出るのか。

強い信仰心から、という単純な理由は少ない。

団体が信仰する〈聞いたこともない名前の神〉がもたらす現世利益が欲しいこと。

或いは団体の幹部となり、他の信者から敬ってもらうことで承認欲求を満たしつつ〈吸い上げたお布施を分配してもらう〉こと。

そのような生臭い理由を抱く者が多かった。

何故なら、幹部が口々に下位の信者を煽《あお》っていたからだ。

〈お前達の信仰心が極まれば、現世利益はある。私達を見れば分かるだろう〉

〈祖師様の元でその教えを広める使者が我々だ。我々がお前達の布施を信仰と布教のため、自由に使うことは正しい。何故ならばそれがまだ我々のことを知らない凡愚を導く糧となるからだ。これこそが我々の役割なのだ〉

〈お前達も正しく信仰すれば、我々のような存在となれる。だから頑張れ〉

狂信的な者はこの言葉を盲信した。同時にその言葉の裏にあるものを理解した者もいた。

どちらもそれぞれが幹部を目指す。お互いを蹴り落とすような信者同士の争いの果て、幹部に近いところまで上り詰めた者もいたが、それより多くの脱落者も出た。

ある家族は債鬼に追われた後に破産し、結果夜逃げしてしまった。

ある会社社長も同じくだ。過度なお布施の末に会社を潰し、多数の社員を路頭に迷わせた。社員の半数以上がこの新興宗教の団体に入信していたが、やはり彼らもお布施と布教で身を持ち崩すものが多かった。

ある夫婦は勧誘のやり過ぎで社会から孤立した。更なる救いを団体に求めたが、お布施も信者獲得もできない夫婦は幹部や他の信者から蔑まれ、遂には自殺未遂を起こした。今も後遺症で社会復帰できていない状態だ。

独身男性信者は犯罪に手を染めてでもお布施と布教をしようとして、捕まった。

独身女性信者はお布施と布教のため、自分の身を苦界に落とした。だが、心を壊しかけたとき、ホストクラブのような場所に救いを求め、自滅した。

まるでこの世の地獄を煮詰めたような世界だろう。


しかしどうしてこんなにこの団体を信じる者が増えたのか。

理由の一つに祖師から摩訶不思議な体験を与えられるからという話があった。

入信時、その人物のことをひと目見て全て言い当ててくる。

或いは「貴方にはカルマ（業）が絡み付いている。ここここの調子が悪いのではないか。今すぐ祓ってあげよう」と言って、何事か呪文を唱えられると急に身体が楽になる。

果ては「君達の未来はこうだ。しかしこのままでは来月とんでもない災いがやってくる。今すぐ何とかしてあげるから、言う通りにしなさい」と言い放つ。そして何事もなく翌月が終わる頃、私の言う通りだっただろう、しかしと念押しの予言を与える。

どれもトリックがあるのだが、当事者達からしてみれば不思議や神秘体験になる。

そもそも新興宗教団体に足を運ぶ者は基本的に現世で悩みや苦しみを負っている。だから、神秘世界へ救いを求めてしまう。故に何事にも信じ易くなるのだろう。


この新興宗教は祖師一代で終わった。

祖師が狂死してしまったからだ。

残された幹部連中は祖師の死を隠しつつ権力闘争を起こした。

結果複数の団体に別れて活動を始める。だが、彼らもまた事故や病気でリタイア寸前の状況に陥っている。

——と、この話を聞かせてくださったのは、とある男性だ。

彼はこの新興宗教の元信者である。

大きな会社の役職付きで、一時は宗教団体の幹部補佐クラスまで昇り詰めた。が、その時点で妻と子から三行半《みくだりはん》を叩き付けられ、家庭が崩壊している。

それでも信仰を辞めなかったが、ある日をきっかけに、急に我に返った。

その日、団体が持っている建物へ入った途端、猛烈な吐き気を催した。

すぐに収まったのだが、今度は幹部専用の階へ上がると通路が波打って見える。思わず足先で確かめたほどだ。しかし平らで分厚いカーペットの弾力しか感じなかった。

狼狽《うろた》えながら幹部の個室へ入った。床に異常はない。が、今度は獣臭のようなものが鼻を衝く。思わず窓を開けたが、どうしても臭いは抜けない。

そこへ補佐している幹部が入ってきた。

挨拶すると、幹部は気安い感じで右手を挙げた。その手が毛むくじゃらに映る。目を凝らすと普通の肌に戻った。

吐き気や通路の一件を黙ったまま言葉を交わしていると、今度は幹部の口の中で〈黒い舌〉が舞い踊っているように見えた。

自分の目がおかしくなったのかと思いつつ、次に祖師のいる階へ幹部と向かう。

広々とした部屋へ入ると、続々と幹部と幹部補が入ってきた。

獣臭、腐敗臭、異様にきつい化粧臭さ、垢じみた臭いと腋臭《わきが》のようなものなどが充満していく。しかし誰も気付いていない様子だった。

最後に祖師が専用の入り口から入ってきた。

途端に臭いが強まっていく。そして首の後ろから頭頂部に掛けて、何かが抜けていくような気がした。

動悸《どうき》と息切れが激しくなり、勝手に頭が下がっていく。

苦しさから祖師と幹部達の会話も耳に入ってこない。

これは祖師に失礼だと、無理矢理顔を上げたときだった。

目を疑った。

祖師の首から上が、すぱっと斬ったように消えていた。

その首越し、後ろにある団体旗は見えた。

思わず周りへ視線を巡らせる。声を上げかけた。

幹部や幹部補もおかしなことになっている。

頭の上半分がない者。口から黒い煙を吐き続ける者。眼球だけが灰色の靄《もや》で隠れている者。耳に向かって何か赤黒く細長いモノが入っていく者。テーブルの上に置いた手が薄っぺらくなっている者。胸に知らない女の顔がくっついている者。肩から黒い棒のようなものが生えている者――まともな姿は一人もいない。

呆然としているとき、ふと自分はどうなのだと思った。

思わず手足と胴体を確かめる。おかしな所はなかった。

見上げれば天井付近が黒い雲のようなもので覆われている。若干薄くなったところから照明が覗いていたが、それもすぐに見えなくなった。

（あ。こんなことしてたら駄目だ）

不意にこの団体を抜けなくてはならない、と頭に浮かんだ。

こんなところにいては、自分は駄目になる。そんな思考だった。

そんな考えに至ったのは、異常なモノを目の当たりにしたことが原因と言えるだろう。が、そのときはそんなことを露とも思わなかった。

それでも、ここから逃げ出さなくてはいけないことだけは理解できた。

間もなくして、この男性は団体を抜けた。

普通なら過剰とも言える引き留めがあるはずだが、それがない。拍子抜けするほど呆気なく脱退することができた。

団体を抜けてからというもの、面白いように全てがとんとん拍子に進み出す。

会社では更なる昇進が決まり、出ていった妻と子も戻ってきた。

お布施で消えた貯金も徐々に増え出した。幹部補として貰っていた金銭がなくなった今のほうが、経済的に余裕がある。何故かは分からない。

実は入信以降常に身体に不調を抱えていたが、それも綺麗さっぱり消え失せている。

新興宗教を辞めてからのほうが、全てが上手くいくようになった。


男性がポツリと漏らす。

前なら、この話はできませんでしたし、書けなかったと思いますよ、と。

その新興宗教の団体が黙っていないでしょうからと苦笑いだ。

団体のことを漏らした相手やそれを聞いた相手に、連中は嫌がらせ含む様々な攻撃をしてきたようだ。中には、訴訟を仄《ほの》めかす脅しもやっていたらしい。

では何故、今は大丈夫なのか。

彼は真顔になって口を開いた。

「それは団体トップが死んで、他の分派した連中も駄目になったからですよ」

じゃなければ、こうして話せませんよと彼は言った。

どうして取材を受けたのかも訊いた。
曰く「当時の自分と、なくなったとはいえその新興宗教に対して忸怩《じくじ》たる思いがある。それを昇華するため」。

団体を抜けた今も、彼の心に傷は残っているということなのだろうか。

――ここまで書き進めた後、原稿を寝かしておいた。
締め切り間際、この話を教えてくださった男性から会えないかと連絡が入った。
ファミレスで顔を合わせ雑談を始める。時事に関する話題が多かった。
彼は、自身のスマートフォンをこちらへ向けた。
複数の事故や焼死などのニュース記事を見せられる。時期はまちまちだった。
この犠牲者には団体の幹部連の親族や関係者が混じっているらしい。
そして、次に画像を見せられた。
「これ、この人」
新聞のお悔やみ欄を撮ったものだった。時期は何年か前のものである。
彼が言うには、

「この人は元信者で、分派した会のメンバーである」

享年から見れば、まだ若いと言って差し支えのない年齢だった。

各種情報が載っているが、気になる点はない。こちらが理解できていないことが伝わったのか、彼が説明を始めた。

〈団体では、自分達に対して不利益を生じさせる者、或いは団体にとって不義理をして抜けた者、簡単に言えば裏切り者が死亡するとこうしてお悔やみ欄に団体が記載させる。そして名前と享年以外の部分に、巧妙に祖師が呪詛《じゅそ》を混ぜ込んだ暗号のようなものに差し替えておくのです。幹部補だった私はその方法を教えられていました〉

逝去日の改竄《かいざん》や、死因、告別式関連、喪主の名前などに隠して仕込んでいるようだ。かなり巧妙な手法なので、聞かなければ分からない。

信者のネットワークは多岐に亘るため、色々な点でこのような〈裏切り者が死した後の世界で不幸になるよう呪詛による粛正〉を行えていたのだという。

団体と分派した会は壊滅状態だから、残党がいたとしても多分これから先はこういうのは減っていくでしょうと彼は苦笑を漏らした。

あべこべの日

「〝あべこべの日〟って、あるじゃないですか」

あるじゃないですか、と言われても何のことやら。

島崎さんによれば、やることなすこと全て裏目に出る日のことらしい。

確かに、そういう巡りの悪い日はある。しかし彼女の言う〝あべこべの日〟はそれよりもやや極端だ。

右かと思えば左、売りかと思えば買い、白と思えば黒。常に選択とは逆の結果が出る。

それが丸一日、朝から晩まで続く。

「ああいうの、朝のうちに気付ければいいのになぁ」

〝あべこべの日〟というだけあって、不思議とその日のうちは気付けない。

気付くのは決まって日付が変わった頃なのだ。運よく日付の変わる前に気付けても、そんな時刻には株式市場もやっていないし、宝くじは正も逆もない。

「今ならビットコインとか色々あるけれど……あれってどうやって買うの？」

〝あべこべの日〟は前触れもなく始まっている。

その日の朝、島崎さんは電車に乗って少し悩んだ。

通勤電車はいつものように混雑していたが、偶々頭上のつり革が左右とも空いていた。

彼女は右手でスマホを持ち、左手でつり革に掴まった。

会社まであと数駅のところで、お尻の左側を触られる感触があった。

もうすぐ会社なのに、と少し迷ったが、彼女は女性の敵を許さなかった。

「ちょっと！　触らないでください！」

威勢よく掴んだ手を振り上げると——それは、すぐ横にいた女子学生のカバンに付いていた大きなぬいぐるみの、足だった。


「恥ずかしくて、次の駅で降りたんです。そしたら次の電車が人身事故で遅れて——」

おかげですっかり遅刻した彼女はオフィスに入り、部の異様な喧噪に気付いた。

「大クレームが入ってました。上司と、横に営業部長とか専務まで椅子並べて」

オフィスでは上司が受話器を耳に当てて頭を抱えていた。

島崎さんの仕事は営業補佐と呼ばれる仕事だ。客先に出ている営業の代わりに、オフィスで連絡などを繋ぐ。

彼女が補佐する営業マンの一人が先日納品した案件で、やらかしがあったらしい。客が激怒していることが電話のやりとりから知れた。

あの通話が終わったら厄介ごとを押し付けられるに違いない――島崎さんは、苦情が永遠に続くことを願いつつ、静かに席を立つ。

しかしその瞬間に、上司は通話を終えた。

「おい、島崎君。沼田の奴はまだか。なら悪いんだけどさ……」

出社しているはずの時刻だが沼田の姿はなく、グループウェアでの行き先登録もない。

『悪いんだけど』と言いつつ、部長が場違いな笑顔で手招きする。

島崎さんは連絡役であり、デスクワークである。しかし営業も社用のスマホを持つようになったものだから彼女も何かと理由を付けては営業に出されることが多くなった。

「いやよく状況が見えないんだけど、沼田が何かやらかして、大事なものを壊しちゃったらしいんだ。沼田は連絡付かないし。先方は酷くお怒りだから、ひとまずさ……」

この日は、つまり尻拭いである。

途中、駅で何か手土産を買うことにした。

怒っている人には甘いものがいいらしいですよ、と島崎さんの提案だ。島崎さんにただ一人同行する専務も、これにはいたく感心した。

「いやぁ、流石女性は気が利くな！　君を連れてきて本当によかったよ！」

新幹線を降りて数歩歩いたとき、専務は突然ハッとして背広を弄り「手土産を忘れた！」と言い出した。

折角気を利かせたスイーツは、網棚に置いたまま。

「取ってくる」と言い残し、専務は車内に戻ったが、その途端新幹線のドアが閉まった。

専務を乗せたまま、新幹線は名古屋まで行ってしまった。

島崎さんが電話で指示を仰いだところ、『副社長が合流するから、ひとまず島崎君一人で謝りに行ってくれ』とのことだった。

手土産は駅で買い直し、動転していた彼女はすっかり領収書を貰うのを忘れた。


在来線を乗り継ぎ、かなり田舎めいた工場に着いた。

島崎さんの会社は、こうした工場に工具や機材を販売している。今回の納入品が何だったのか、彼女は知らなかった。そうした営業情報は名古屋に行った専務の領分だ。

その工場はお得意様であったのに、若い営業の沼田一人が持っていた案件であるから、工作機械といった大口の取り引きではなかっただろう、とは想像できる。

その工場の社長である、太った男が仏頂面で彼女を待ち構えていた。島崎さんが差し出した手土産を、極めて不愉快そうに一瞥し、横に退ける。

開口一番、島崎さんは謝った。謝って謝って謝り倒す。知っている謝罪の言葉を全て吐き出した。

訳も分からず、営業で話すような保障プランの話もした。物損は保険でカバーされ、修理も承る、と。

「――修理か。全く君のところは、人を馬鹿にしているな。長い付き合いなのに、こんな何も知らん小娘を寄越すとは」

後ほど責任者が来る旨を話しても社長は「沼田を連れてこい」と聞き入れない。

そのうち社長は、ひたすら困惑する島崎さんを連れて外に出た。社屋の横の広大な工場設備を通り抜け、更に奥の大きなシャッターの横の扉から入る。

招かれて中に入ると、そこは車両の整備工場らしき大きなガレージであった。数台、特殊車両が整備中である。

油圧ジャッキやコンプレッサーが整然と並んでいる。素人目には沼田がどれを壊したのかなどは見当も付かない。

「その、壊した、と仰るのは——？」と彼女が問うと、社長は「外だ」という。

社長は更に数名の社員を連れ立って、ガレージ奥の別のシャッターのほうへ向かう。

一体何なのか。

奥のシャッターが上がって、その向こうに見えたのは、こんもりとした丘の、森だ。

その手前、工場の敷地の境界辺りに——何かがある。

墓石のような苔むした石くれが沢山置いてある一画だ。

「お墓？　でしょうか？」

「知らん。だがウチは、そこにお稲荷様を祀っていたんだ。それがこのザマだ」

そこ、と社長は丸い顎をしゃくってみせたが、そこにはただ石くれがあるだけでお稲荷様は見当たらない。

近付いてよく見ると、足下の草木の間に朱色の木片が散らばっている。

どれもこれもお稲荷様だったもの。粉々だ。

振り返ってもガレージの機械からはかなり距離がある。何をどう間違えて、ガレージ裏手のお稲荷様が粉々になってしまったのか？

「沼田がやったんだ。そこのハンマーで。あんた、これは保険が利くのか？」

地面に、スレッジハンマーが転がっていた。

聞けば聞くほど訳の分からない話だった。

昨日納品の後、沼田は帰らなかった。設置して診断など——大型機械では納品後即火入れとはならないことが多い。大抵は近くのスナックで社長の接待をする。

沼田はそのつもりだったのかもしれないが、今回は数百万の工具だったので難しい手順もなく、早速使ってみようということになった。

沼田はその途中で姿を消した。異様な物音に気付いて裏手に回った社員が、すっかり乱心してお稲荷様を破壊する営業マンの姿を発見したのだそうだ。

「奴は、工場からハンマーを持ち出してた。うちの社員も近寄れず——」

沼田はあらかた祠を破壊すると、中に入っていた小さな白い石のようなものを取り出し、更にそれを裏手の山へ向かって思い切り放り投げたのだそうだ。

そして、嗤いながら何処かへ走り去った。

「あの男は野球でもやってたのかね。常人離れした肩だった。それで、どうしてくれる」

お稲荷様の弁償に幾ら掛かるのか、島崎さんも社長も知らない。しかも別に、そのお稲荷様もこの会社の屋敷稲荷という訳ではないらしい。

古くからあり、用地買収の際に管理を請け負っただけのものだ。お稲荷様のある場所も、会社の敷地の外になる。

「問題は裏山だ。地元じゃ禁足地と言って、誰も入りたがらん」

お稲荷様に祀られていた白い石は、その何処かにある。

「で——あんたさっき修理がどうとか言ったな？」

沼田を探し出してやらせるべきだろう。しかしその本人が見つからない。

「さ、探してみます。私が、その白い石、御本尊？　御神体ですかね？　それを——」

そう申し出ると、社長は目を白黒させた。

いや何もあんたにそんなことは頼めない、と社長は言うが。

あとどれくらいで上司が来てくれるかは分からないが、沼田の乱心を知った今となってはそれまで謝り続ける自信がない。

「どの辺ですか？」と訊ねると、現場に居合わせた社員が「あっちのほうに飛んでった」と概ねの位置を教えてくれた。


そして、彼女は禁足地に踏み込んだ。

まだ陽も高いのに妙に薄暗い、実に不気味な土地だった。

そもそも禁足地とは何か、彼女は実際に入ってからスマホで調べて知った。

（――どうして今検索しちゃったんだろ）

関東に残る禁足地の多くは豪族の墓などの忌地だ。存在を全く知られていない場所、知ることすら禁忌とされている場合もある。禁忌を犯せば例外なく不幸が訪れるとされる。

彼女は、信じないことにした。

森は険しいが、獣道もあって案外歩ける。ヒールでは到底無理なので、安全靴を借りた。

禁足地に分け入って、白い石を捜すこと数十分。

安全靴はヒールより楽だと思ったけれど、重たくて疲れる。茂みの中、腰をかがめて小さな石を捜すのはかなりの重労働だ。しかも、自分が何を探しているのかそれすら彼女はちゃんと知らないのである。

――しんどくなってきた。

そもそも本当にこの場所なのか。

重さや大きさをちゃんと聞くんだった。ボールくらいと思っていたが、重ければもっと手前に落ちたかもしれない。

一度戻って確認しよう――そう腰を上げると、ふと視界の片隅をスーツ姿の男が通った。

――沼田さん？

姿を消した沼田だと確信する。スーツの後ろ姿だけで判別するのは難しいが、彼女は補佐として、襟足と耳の形・背中の曲がり具合で社内の営業を見分けてきた。

あの微妙な猫背、撫で肩具合は紛れもなく沼田である。

「沼田さん！」

彼女は声を張るが、沼田らしき影はどんどんと茂みを分け入って奥へと進む。

優に十数メートルはあろう。しかし声の届かない距離でもない。

彼女は苛立ち、その姿を追う。

苛立ちつつも、彼女は少しだけ安堵していた。何故なら沼田はもうこの世にいないのではないかと何処かで思っていたからだ。朝の人身事故——もしかしたらあれは沼田だったのではないか、と。

だがそうではなかった。彼女は今、沼田を追っている。禁足地と呼ばれる森の奥で。

追った先で、獣道が分かれていた。元来道などあってないようなものであるにせよ、この先でちょっとした崩落なのか断層崖なのか、土地の隆起にぶつかって獣道は左右へと分かれている。

沼田はそこを左へ進んだようだ。

「待ってくだ——ん？」

違和感があった。このまま左へ追ってはよくないような。

でも右は、と逆側を見て彼女は目を見張る。

そちらのほうにも、断層崖に沿って奥へと入る沼田の後ろ姿があるではないか。

見間違いなどではない。沼田が二人いる。

しかしそんな訳はない。ならどちらかは別人なのか。そもそも何故別人がいるのか。

〝どちらも追わずに来た道を引き返す〟選択は、浮かびすらしなかった。

彼女は――最初の直感に従って、左へ向かう沼田を追う。

辺りは暗くなりつつあった。

沼田は丘を登りきり、その稜線の向こうへ隠れた。彼女もそれを追って丘を登る。

すると――。

島崎さんは立ち止まり、「ヒッ」と声を上げた。

すっかり見下ろしたその雑木林の中にはもう獣道など見えもしない。

禁足地などと呼ばれる場所にも、はっきりした境界がある訳ではないだろう。もしあるならば、ここから先こそが本当の禁足地。禁足地の中の禁足地だ。

そこに沼田がいる。間違いない。顔が見えるのだ。血走った目をしていた。

せっせと先に進んでいたはずの沼田が――こちらの声に応じたものか、戻ってきている。

普通の様子ではない。

右手から背後へと垂らすその長い金属の棒。その先端は、下生えの中を重そうに引き摺られている。

恐らく、スレッジハンマーだ。祠を破壊するのに使ったものなら、ガレージのところに残されていたはずだが。

「沼田さん！　皆探してるんですよ！　あなた一体どうして――」

沼田はこちらをギロリと睨む。

そしてそのまま一直線に、こちらに向かって獣道を戻ってくる。

何も答えぬまま、彼はあと数メートルの距離にまで迫っていた。

「ちょっと！　それ以上来ないで！　沼田――厭！」

手にしたハンマーが振り上げられる。

そこへ。

カササッ、ゴツッ――と、天上の木々が揺れる音とほぼ同時に白い何かが落下し、眼前で衝突し、弾けた。

沼田の頭は――砕け散っていた。

首から上をすっかりなくしたまま、力なくだらりと下げたハンマーの重みに引っ張られ、沼田の身体は数歩退がる。そしてそのまま下生えの中へと倒れ込んだ。

一瞬どころか、そのまま数分経っても――何が起きたのか分からなかった。

何かが降ってきて、彼の頭を直撃したのだ。

落ちてきたものは、島崎さんの足下に転がっている。

拳大の、白い石だ。

沼田が投げたというその石が、どういう訳か丸一日以上の時間を飛び越えて、今、沼田自身の頭を直撃した。

すっかり暗くなった森の中で、藪に倒れたはずの沼田の残りの部分は見つからなかった。

代わりに彼女が見つけたものは、沼田芳雄の免許証が入った財布であった。


「結局、沼田さんは前の日のうちに死んでたみたいです。お稲荷さんを壊して、そのまま逃げて、県内で」

後日、島崎さんの上司は沼田の遺体と対面したそうである。沼田は身元を証明するものを何も所持しておらず、身元の確認が困難であった。

しかしながら、発見された沼田の遺体には、頭部がなかったという。

あの前日のうちに沼田は県内の線路に迷い込んで轢かれ、死去していた。つまり島崎さんが追った二人の人影は、どちらも本当の彼ではなかったことになる。

どうして沼田がそんなことをしたのかも謎のままである。

島崎さんは、見つけた免許証の本籍地が県内だったことには気付いたが、それ以上のことは探ってもいない。

「私にとって〝あべこべの日〟ってそんなもんなんですよ。何もかも思い通りにいかない。考えたことは全部間違い——ハァ……ビットコイン……」

海外の市場とかどうですか、と提案してみたが、島崎さんは「ハードル高い」と笑った。

彼女の見つけた石は無事に還された。

祠は再建されたそうである。

蒐集家

牟田さんの趣味は、石を蒐集することである。

勿論、一口に石と言っても、そんじょそこらに落ちているそれではない。

「ほら、これなんか素晴らしいでしょう？　そうそう、紋様がね。まるで深山の渓流を思わせるでしょう？」

そう言いながら、一風変わった形状をした石を見せてくれた。

大きさは掌に載るサイズで、直径は十センチにも満たない。素人目に見て何が何やらさっぱり分からないが、深山を流れる渓流と言われると、確かにそのように見えないこともない。

「どう？　実に美しいと思わない？」

彼が魅せられてやまない石、それは水石《すいせき》と呼ばれている。

水石とは、基本的に室内で鑑賞するものである。形、色彩、紋様、艶などが重なり合って、様々な風景を連想させる石のことである。見る人の想像力で、様々な自然美が発見される、独特の趣味と言えるかもしれない。

「ここにあるものはね、殆ど私が見つけてきたものなんだよ」

定年退職して年金暮らしの今、気が向けばいつでも石を探しに行くことが可能ではある。しかしサラリーマン時代はそうはいかず、週末になると水石を探しに出かけていくことを、彼は常としていた。

こういった探石は主に、隣県の谷川で行われる。だだっ広い河原を一人、黙々と石を捜し続けるのだ。

形・色・質、といった条件が備わった名石が見つかれば小躍りしそうになるほど嬉しいが、殆ど収穫がないことのほうが多い。

それでも、ほぼ毎週のように通っている訳であるから、相当な好事家に違いない。

「それでね、お見せしたかったのはこれなんですよ」

そう言いながら、少し小さめの丸いクッキー缶を押し入れから取り出した。

そっと蓋を開けると、薄手の真っ白い手拭いのようなもので幾重にも包まれた何かが入っている。

その中には、楕円形をした石が厳重に包まれていた。

直径は五センチ程度であろうか。紋様自体が大変面白い。

「おかしな石でしょう？　私には厳しい表情をした老人の顔に見えるんですが」

彼が大事そうに掌の上に載せている石に目をやると、確かにそう見えなくはない。

そう言われただけで、一見意味不明だった紋様が、不思議と老人の顔に見えてきたのだから実に面白い。

「あれは、そう。定年を翌年に控えた、春先のことだったと思います」

普段通りに隣県の谷川で探石をしていると、この面白い石に出会ったらしい。

その日はこれ以外に目ぼしい石とは出会えずに、収穫はこれのみであった。

「その日からなんですよね。その、何というか。ツキがきたというか、ツイているというか、その。まあ、とにかく運が良くなった気がしたんです」

ツキと言っても、宝くじで大金が当たったとか、紙一重で死を免れたとか、そのような大層な話ではない。

失くしたはずの百円玉が出てきたり、欲しかった古書が安価で売っているのを見つけたり、そのようなささやかな幸運に過ぎない。

すると、どうだろうか。偶々例の石を眺めていたとき、厳しい表情をしている老人の目付きが、少しだけ緩まったように見えることに気が付いたのである。

勿論、あくまでもそのように感じるだけで、何の確証がある訳でもない。しかし、彼の中では、この石がもたらした幸運だと思うようになった。

その後も、ささやかな幸運が彼の元へと舞い込んできたが、その度に、まるで崇拝するかのようにこの石に感謝の念を抱いていたらしい。

だが、その幸運らしきものが訪れるといった効能も、あっという間に消え去ってしまった。

自宅の庭で牟田さんが骨折してから、それは始まった。

「草むしりしようとして庭に入ったときなんです」

障害物など何もないところで、彼は転んで左腕を骨折してしまったのだ。

何もないところと強調したのは、何かに足を引っ掛けられたような感覚があったからに他ならない。

ゆっくりと注意深く歩いていたにも拘らず、物凄い勢いで地面に顔面が叩き付けられようとした。咄嗟に左腕を突き出して庇った結果が、これである。

「暫く不便で仕方がなかったのですが……」

偶々例の石を眺めた途端、冷たいものが背筋を一気に駆け抜けていった。

「……嗤っていたんですよ。あの老人が」

柔らかくなってきたと感じていた老人の顔が、それを通り越して邪悪な笑みを浮かべているように見えた、というのだ。

しかも石全体もやけに黒く変色してきて、若干禍々しさすら感じるようになったのである。

しかし、彼はそのように考えてしまった自分自身を一笑に付した。

そんな馬鹿なことがあるはずがない。こんな石にそんな力があるはずがない。

ささやかな幸運を運んできてくれたことに対しては信じているのに、その逆に関しては何故か信じることができなかった。

ここから、状況は一気に加速していく。

そのことに最初に気が付いたのは、彼の奥さんであった。

「何か、家の中におかしなものがいるって」

それは真っ黒い影のような存在で、形は人間を極端に細くしたような形状をしていた。人のように二足歩行しながら、悠然と家の中を歩いている姿を、夫婦で何度も目撃するようになる。

「まるで影みたいに真っ黒いくせして、暗闇の中だとよりはっきりと見えるんですよね、アレ」

奴が家の中に出没してから間もなく、彼の愛犬が急死した。

夜中に突然狂ったように吠え始め、そのままいきなり倒れると、苦悶の表情を浮かべながら死んでしまったのだ。

「獣医によると突然死で、犬猫には珍しくない、なんて言われたけど……」

まだ若く元気一杯で人懐っこかった愛犬の急死に、彼は酷く落ち込んでしまった。

それから間もなく、今度は彼の奥さんが入院してしまった。

「あの歳で持病もなかったんですが、急に心臓が悪くなってしまって……」

牟田さん自身も体調不良が続いていたが、彼はそれをおくびにも出さずに、妻の元へと足繁く通っていた。

しかし、そんな献身的な行動が実を結ぶことはなく、奥さんは生きて自宅へ戻ることができなかった。

不思議なことに、まるで奥さんの逝去を合図とばかりに、例の真っ黒く細い奴の姿を見かけることもなくなった。

だが、例の石に目を遣ったとき、思わず悲鳴を上げてしまった。

「老人がね。そう、あの老人がね……」

より一層禍々しく黒っぽく変色した石の中で、まるで高嗤いでもしているかのように顔を歪めていたのだ。

牟田さんは未だに、その石を保持している。

曰く、何処か遠くに捨てることも考えたが、万が一誰かに拾われたらと思うと、捨てるに捨てられない。

ひょっとして、拾った誰かが不幸になることを危惧しているのかと訊ねると、どうやらそうではないらしい。

他人の手に渡るくらいならば、この石そのものを自分の手で壊してしまいたい、とまで考えているようであった。

薄ら寒くなるような考えだが、蒐集家といった類の人種は、得てしてこういった考えを持つものであろうか。

たった今この目で確認したから言えることではあるが、現時点であの石の中に見える老人は厳しい表情をしている。

「そう。今は元に戻っているんですよね。まるで拾った頃みたいに、色も白っぽくなっているし。もしかしたら、この石の力も尽きてしまったんじゃないかな」

そんな気がしてならない、と彼は言った。

「まあまあ、兎にも角にも。こんな話を信じて聞いてくれるんだから、ホント有難い。嬉しくて嬉しくて。最近は良いこともなかったからなぁ」

それ以来

和田さんは、死を覚悟したことがある。

彼は二十一歳の頃、中古の軽自動車を買った。

大学の通学には使わない。遊びに行くか、友人達と趣味で使う道具を運ぶためだ。

色は黒。最低限の装備も揃っていて悪いものではない。ある程度の価格を払っているから当然と言えた。

ところが、この車が突然故障した。それも夜中、一人で山道を走行中のことだった。

下り坂の始まりで突如エンジンストールが起こった。

ブレーキは異常なほど重くアクセルも利かない。コントロールできなくなり、そのまま暴走していく。速度は上がる一方だ。パニックに陥ったためサイドブレーキや他の方法は頭に浮かばない。思考も視野も狭まっていた。

進行方向に、右カーブが見えた。頑丈そうなガードパイプが設置されている。

ぶつかる。ああ、もう駄目だ、これは死ぬ。覚悟を決めた。

が、最後の抵抗とばかりにブレーキを強く踏み込んだ。

前につんのめるように車体前方が下がる。ブレーキが利いたのだ。

ガードパイプまでほんの僅かの位置で車は止まった。

ただただ呆然とする他ない。どれくらい過ぎた頃か分からないが、漸く我に返った。周りを確認する。自分以外の車はいない。周囲にも被害はなかった。

（また同じトラブルが起きたら）

そう考えるともう運転はできない。

ロードサービスに、できるだけ近い修理工場までの牽引を頼んだ。勿論山の中なので同乗させてもらったことは言うまでもない。

故障した車の中で仮眠を取りつつ、修理工場が開くのを待った。

やってきた工場スタッフを捕まえる。

始業より早かったが、診てもらえた。が、工場スタッフは首を傾げている。

「ブレーキもバッテリーも異常ないですよ。コンピューター診断でも問題なしです」

エンジンは普通に掛かった。工場内を軽く動かしてみるが、きちんと走る。

それでも気になって仕方がない。念のために調べ直してくれ、料金なら払うからと頼んで、再度チェックしてもらう。しかし答えは同じだった。

工場スタッフが最後に訊いてくる。

「この車、事故車ってこと、分かって買いましたか？」

驚いた。買うときにそんな話は聞いていない。ワンオーナーの中古車で、各種装備含めそのまま整備し直した上物で、それこそ出物だと説明されている。

しかし工場スタッフが車の内外を具体的に説明していく。ここがこうなっているのは、修理されたから。ここにも修理跡もある。ホイールはメーカー純正ではなく、安いものだ。内部の装備も純正から置き換えられた安価なものである——など枚挙に暇がない。

事故車であることが原因でブレーキが利かなかったのかと訊ねたが、スタッフは首を振った。現状、事故車とはいえ走行そのものに問題はないと念を押される。

「しかし事故車は安全性能が下がったり、故障が増えたり、色々ありますから。あまり（購入を）お勧めしません」

後日、車を買ったカーショップへ文句を言いに行ったが、相手はのらりくらりと誤魔化すばかりで埒《らち》が明かない。それればかりか「元々そちらが承知して買った物だ。文句を言われるのは心外である」と逆に不機嫌な態度を見せてきた。

結果、車は別の店で買い取ってもらった。その際「事故車でブレーキが利かないことがあったから、そのまま売らずに部品取り対象にして、廃車にしてほしい」と頼んだ。

また同じようなトラブルが起こったら、買った人に迷惑が掛かるからだ。

買い取りをしてくれた店はそれを了承してくれる。

結果、買った価格より随分安値になったのは仕方がないことだった。

和田さんが社会人になって何年か経っている。

車は必ずディーラーの新車を買うと決めており、現在二台目の乗り換え商談を進めているところだ。

中古車を買ってあんな目に遭うのはもう厭だからだと苦笑を浮かべる。

が、しかし、と彼は続けた。

「そう言えば、その中古車が納車された日と、廃車前提で売った日、夢を見ました」

車を買った日、彼は車中泊をしていた。

嬉しくてロングドライブへ出かけており、随分遅くなったので車の中で眠ったのだ。

その車中で夢を見た。

夢の中でも、彼は買ったばかりの中古車の運転席に座っていた。

助手席側から低い男の声が聞こえたので、振り向くと誰もいない。

運転席側のウインドウが勝手に開き、今度はそちらへ目を遣るとオーバーサイズの青いパーカーを着た男が立っている。しかし首から上は、車の中から見えない。

誰だと身を乗り出そうとすると手で制され、運転席から動けなくなった。

少し甲高い男の声が聞こえて、そこで目が覚めた。


売った日の夢は、部屋で寝ているときに見た。

件の中古車の後部座席に乗っている。

運転席と助手席に誰かが座っていた。

しかしその姿が見えない。

ルームミラーに運転手の顔らしきものが映っているが、口元だけだ。

助手席から低い男の声がしたが、何を言っているか分からない。運転席側から少し甲高い声が聞こえた。ルームミラーの中の口に視線を移した。が、ミラーがない。

低い声が止んで、次に甲高い男の声が聞こえて、そこで目が覚めた。


二つともやたらとディテールがはっきりとした夢で、かなりリアルだった。

車内の様子も、青いパーカーの質感も分かるほどなのだから。

その代わり、外の風景は簡素なものだった。薄い灰色の世界で、何もないのだ。

やけに印象に残るおかしな夢だった。

そう言えば、と和田さんはこんなことを教えてくれた。

買った日の車中泊のとき、夢から目覚めると運転席側のウインドウが開いていた。指三本分くらいの幅だった。寝る前は窓の開閉とドアロックを確認している。どちらも閉まっていたことに間違いない。が、そのときは何故か「自分の確認ミスだった」と思った。

売った日は、起きた瞬間、目が開かなかった。

異様なほどの目脂で瞼が貼り付いていたからだ。初めてのことだった。

夢の概要は分かった。そこで二つの夢で最後に聞こえた甲高い男の声は一体どんなもので、どんな言葉だったのかと訊ねる。

和田さんは何か言いづらそうに、口を開いた。

――ぶち　ころす　ど　われ。

ぶち殺すど、ワレ。

あまり良い言葉ではない。

この、やや甲高い男の声は何処か辿々しく、僅かに訛《なま》りがあったという。

そして、強い悪意を多分に含んでいるように感じた。

走行中に死にかけたことと夢の因果は分からない。

だが、今になって考えると、窓が開いていたこと、目脂のこと、全て含めてとても気持ちが悪いと和田さんは顔を顰《しか》めた。


和田さんを騙して事故車を売ったカーショップは、既に潰れている。

世間を騒がせた、中古車販売買い取り大手の会社が報道されるより数年前のことだ。

噂によると、従業員を全員解雇した後、経営者家族は夜逃げしたらしい。が、本当は夜逃げではないとも聞く。金銭関連のトラブルで、その筋の人間に一家全員が拉致されたという噂もある。どちらにせよ、どうなっているかは分からない。


最近和田さんはそのショップの跡地前を通った。

入り口近くにガラス製の花瓶が二つ、枯れた花々が刺された状態で置かれていた。

まるでお供えのようだった。

瘴気

　おおよそ二十年前、宮川さんは待望の一軒家を購入した。

「正直、安月給だったんで。住宅ローンなんて通らないと思っていたんですが……」

　その建て売り物件は今住んでいるアパートからさほど遠くなく、最寄り駅まで徒歩十五分程度の場所に位置していた。

　周りは田圃に囲まれていたが、車通りも激しくなく、閑静な場所であった。

　二階建ての小綺麗な新築家屋で、そこそこ広い庭に加えて優に二台は車を置ける駐車スペースもある。

　部屋数も多く、今後家族が増えたとしても問題ないと思われた。

　偶々通り掛かってこの物件を知った彼は、早速妻に相談することにしたのである。

「こんな家に住んでみたいよね、なんて言ってまして。まあ、駄目元で申し込んでみたら」

　予想に反して融資はとんとん拍子に進んでいき、数カ月後には無事自分の家を持つことができたのである。

「まあ、ここまでは良かったんですが……」

引き渡しと引っ越しが終わって、二人が新しい住居で暮らし始めた頃。

最初に気が付いたのは、宮川さんの奥さんであった。

「何か、空気が悪いんじゃない、といきなり言い出したんですよね」

新築物件らしく、全室には二十四時間換気システムが導入されていたため、初めのうちは気のせいじゃないのか、などと二人で笑っていた。

ところが、やがて宮川さんも、何処となく空気が澱んでいるような気がしてならない、と感じ始めたのである。

「上手く表現できないんですが……」

この家の中にいるだけで、断続的な頭痛が起きて身体全体が重くなり、更には息苦しさを覚えてしまう。

部屋全体に生臭さが漂っており、まるで長い間ほったらかしにした金魚の水槽のようであった。

換気システムに頼らずに窓を全開にしたり、様々な芳香剤も試してみたが、この臭いだけはどうしても消え去らずに、四六時中仄かに漂っているのである。

やがて二人とも頻繁に咳をするようになってしまい、色々と工夫はしてみたものの、全くと言っていいほど改善しなかった。

「不思議なことに、家から外に出るだけで呼吸が随分楽になるんですよね」

ひょっとして、この家には何か欠陥があるのではないのか。

そう思い始めた頃、今度は家の周りでもおかしなことが起き始めた。

しょっちゅう動物の死骸を見かけるようになったのである。

物件自体は道路に面しているが、車通りはほぼないような環境にも拘らず、犬や猫、狸や烏など、異様なほど多くの死骸が家の庭や玄関先に転がっているのだ。

それらの死骸はいずれも外傷はないが、皆一様に苦悶の表情を遺して斃死《へいし》していた。

少なくとも日に一回、多いときは日に五、六回。哀れな動物がこの辺りで息絶えるようになったのである。

これらは私有地で起きているため、自分で処分することを考えただけでも頭が痛くなってくる。

「もうね。二人とも疲れ果てちゃって……」

しかし、そうは言ってもどうすることもできない。これから三十五年もの間はローンでがんじがらめの状態なのだから、この家に住み続ける選択肢しか残されていなかった。

だが、そんな二人に追い打ちを掛けるかのように、またしても困惑する出来事が起き始めた。

一階居間の部分には畳が敷いてあったが、その一部分だけがどす黒く変色してきたのだ。

変色部分だけ非常に湿気っており、指で触れると藺草《いぐさ》とは思えないほど柔らかく、そして腐敗臭を放っている。

雨漏りでも起きているのかと疑って天井に目を遣って軽く調べてみるが、真っ白い壁紙にはこれっぽっちも変化がない。

畳を捲ってもみたが、畳の下にある床板に異変は全く起きていない。

恐らく、この畳だけ不良品だったのであろう、と納得することにした。そうでもしなければ、気が違いそうになってしまうから。

業者を呼んでこの畳のみを新品に交換してもらったが、数日後にはまた同じようにどす黒く変色してしまう。

この頃から、二人は異様なものを目撃するようになった。

何げなく視線を向けた廊下に、キッチンに、寝室に。場所を選ばず、まるで漂うかのように髪の長い女性が通り過ぎていく。

その身体は半透明で、辛うじて白いワンピースのようなものを着ているのが分かる程度である。

俯き加減のせいか表情は全く分からないが、とにかくその姿を目撃するだけで、ただでさえ重苦しい空気がより一層濃くなっていく。

一体、この家に何が起きているのか。

そして自分達夫婦は、これからどうなってしまうのであろうか。

そのような苦悩を続けていた、ある日。遂に、それは起きてしまった。

ソファに座ってテレビを視ていたとき。彼の奥さんが首の辺りを掻き毟《むし》りながら急に苦しみ出し、救急車で病院に搬送され、そのまま入院することになってしまった。

担当医師の話によると、恐らく何かのストレスが原因なのではないか、とのことである。

そう言われると、勿論自宅の件しか考えられない。

念のために一週間程度入院することになったが、自宅にいるときはあれほど体調不良が続いたのにも拘らず、病室内での彼女は顔つきまで朗らかになって、まるで別人のようであった。

奥さんのお見舞いから帰った、ある日のこと。

今度は、居間の畳の黒ずみが異様に大きくなっていることに気が付いた。

宮川さんは怒りに任せて、畳を乱暴に取っ払って、床板を眺めた。

「……うん？」

前回は気にならなかったが、今回は床板に異常な点を発見した。

一体どういった理由か分からないが、何故か四、五十センチ四方の正方形の切り込みがされてある。

恐らく収納の一部だと思われるが、不審なことに取っ手らしき部分が何処にも見当たらない。

どうにか指で剥がそうとしたが、爪が割れそうになるだけで不可能だったので、錐《きり》を差し込んで、やっとのことで開けてみた。

その途端、思わず悲鳴を上げてしまった。

そこには、小汚いお面のようなものが収納されていたのである。

のっぺりとしたものに両目と口の部分だけ穴が開いている。

それは土塊《つちくれ》を固めて拵《こしら》えたような、明らかに手作りのお面としか思えない代物であった。

それを発見するなり、彼は仲介した不動産会社へとすぐに連絡を入れた。

今まで自分達の身に起きたこと、そして先ほど発見した薄気味悪いお面のこと。全てぶちまけたが、電話からは人を小馬鹿にするような反応が返ってくるのみであった。

「それって、アレですか。宮川さんをアレするために我々や建築業者がやった、とでも言うのでしょうか。そんな馬鹿な話がある訳ないじゃないですか。それ、本気で言ってます？」

はっきりそう言われて、宮川さんは次第に冷静になってきた。

一体誰がどんな目的で、このような大掛かりなことをしたのだと言うのか。

「まあ、まだ保証期間内ですので、無償で修繕はさせて頂きますので」


そして翌日。

建築業者が宮川家を訪れて事前調査をしていると、更に不可解な点が見つかった。

畳の黒ずみが発生している箇所の真上、すなわち天井部の壁紙がまるで湿気を帯びたかのように皺々になっていたのである。

不審に思った業者が壁紙を引っぺがしてみると、天井用ボードが真っ黒に変色して今にも崩れ落ちそうになっていた。

「ああ、この辺も全部交換しなきゃダメだね」

そう言いながら業者がボードを軽く叩くと、その部分が崩れ落ちて穴が開いてしまい、そこから何かが落ちてきた。

軽い音を立てて畳の上に落ちてきたもの、それはまたしてもお面であった。

床板から見つかったものと同様に、土塊で拵えたような代物に間違いない。

「は、早く。早く何処かで処分してくれっ！」

脚立の上で呆然としている業者を睨みながら、宮川さんは大声で怒鳴った。

天井と床下の一部、それと畳を新品に交換してもらった結果、今までの不調がまるで嘘のように消えてなくなった。

散々悩まされた空気の臭いや重苦しさも一気に消え去ってしまい、自宅の周辺で動物が斃死することもなくなったのである。

また、あの半透明の女性の姿も全く見なくなった。

今では無事退院してきた奥さんと二人、充実した毎日を送っているとのことである。

未だによく分からないが、とにかくそのお面らしきものが原因だったことに間違いはないと思われる。

「ところで、そのお面ってどうされたんですか？」

そう訊ねると、彼は吐き捨てるようにこう言った。

「……あ、アレね。アレは、業者の方が供養するって持っていかれましたね。ホントに供養したかどうかまでは分かったもんじゃないですけど」

来ルがら

江口さんが地元で就職した。

社会人になってから何年か過ぎた頃、彼は友人達と集まって酒を飲んだ。

その中の一人に、地元の建築会社で新人現場監督になったものがいる。

そいつが「現場監督をすることになったが、実際とんでもないのがいる」と愚痴を零し始めた。

友人の会社は地元で大手なので、複数の下請け業者を使っている。

その業者もピンキリで、雇い入れる人間の身元確認すら手を抜いてしまうような、だらしない所もあるのだという。

得てしてそういう業者は現場でもトラブルを起こすことがあり、訴訟問題へ発展したこともあったらしい。

何故そんなところを使うのかと訊いたが、友人は「上が切らないんだから、幾ら怪しくても俺が決められる道理はない」と答えた。

二軒目は小さな飲み屋だった。

件の現場監督をしている友人が案内してくれたところだ。

安く美味いが、汚いのが玉に瑕《きず》だ、先輩に教えてもらったと笑っていた。

暖簾を潜るとカウンターも座敷も一杯だった。これは駄目だ、出ようとなったとき、現場監督の友人が肩を叩く。

「あれ、アイツらだよ。怪しい下請けの連中。俺の現場で使っている奴ら」

小声で指を指す。座敷の一角に、雑な身なりの男達が座っていた。

男達の影から、誰かが飛び出してきた。

小柄な男だった。江口さんへ向かって裸足でやってくる。

何とも不自然な顔つきだ。

ほうれい線が目立つ割に、他の部分は腫れ上がったように皺がない。異様に浮腫《むく》んだ顔とでも言えばよいか。眉は薄く、髪の毛の生え際も後退していたが、どことなくわざと抜いたか剃ったかしているように思えた。

男は江口さんの顔の前、息が掛かるくらいの距離に近付いてくる。

下から睨め付けるようにじっと見られた。

男がボソリと囁いた。

「……あンたに会ったから、おレァはもういけね」

わざと喉を潰したのではないかと疑われる程、嗄《しゃが》れた声だった。

何処かの方言らしいのだが、聞き覚えがない。ことは違う土地の訛りだった。

此奴《こいつ》は何を言っているのだと訝しむと、更に付け加えてくる。

「あンたの所、若エ女が来ルがら……」


――死ンだのが。


呆気に取られていると、男は座敷に声を張り上げた。

「おレァ、先に帰ル！」

座敷の男達は何事か返事し、猥雑《わいざつ》な笑い声を上げた。男は裸足のまま、店を出ていった。

江口さん達も外に出たが、男の姿はもう何処にもなかった。

男のことが気になり、現場監督をしている友人に訊いた。

「あんなビジュアルだから目立ちそうなものだけど、こう、気配が薄いというのか。意識して見ないと存在感がないっていうのかなぁ。まあ、仕事はできないけど」

片眼の視力が極端に弱いせいか、物を取り落としたり、転んだりすることが多かった。

江口さんは先ほどのことを友人に教えた。

「さっき、そいつにこんなことを言われた。俺に会ったから、俺はもういけない、女が来る、死んだのが、みたいな不気味なこと。訛っているからその通りか分からんけど」

どんな意味があるのか分かりかねる、どうせ酔っ払いの戯れ言だろうと友人は苦笑を浮かべるだけだった。


それから少しして、友人の現場からあの不自然な顔つきの男が姿を消した。

事情に関しての詳細は分からないが、作業員宿舎から逃げたらしい。

ほら見たことか、糞みたいな下請けだからと友人は憤慨していた。

だがその後、友人が担当していた現場で事故が起こった。

高い段差から落ちて腰椎骨折の重傷が一件。

続いて、他の現場でも墜落死が一件起こった。友人の先輩の現場だった。

墜落死は安全帯装着をしていないミスもあったが、と友人は首を捻りつつ続ける。

「何かさァ、どちらもその瞬間がおかしいんだよ」

友人のケースと、後から耳にした先輩のケースには共通点があった。

どちらも落ちた人間が〈一点を見たまま、誰かに呼ばれたような様子で空中に進んで落下した〉ような。

勿論事故に遭った二人を呼んだ者はいない。

因みにどちらも件の男がいた〈怪しい下請け〉に雇われた人間だった。

事故が起きると現場監督の責任は重い。墜落死の現場を担当していた先輩は、これが切っ掛けで会社を辞めてしまった。

江口さん本人は今も普通に生活をしている。特段変わったことはない。

ただ、あの男の声が未だ耳から離れない。

――あンたの所、若エ女が来ルがら……死ンだのが。

安いなり

「そうね、ざっくり三十年か四十年くらい前ですかね」

谷中さんは生まれも育ちも地元出身なのだが、職を転々として天職に落ち着いた。

地元に念願の店を開いて、今は晴れて一国一城の主である。

そんな彼がまだ若手の鳶《とび》だった頃、実家近くに一部屋借りることになった。

職にも就いたし独り立ちもしたい、夜遊びだってしたい、だから、いつまでも実家住まいでは格好が付かない。

それでも、実家に近いと何かと便利ではあるし、昔なじみや遊び仲間がたむろできる秘密基地のようなものが欲しい。

ならば、ということで近所で格安の物件はないか、と探してみた。

なじみの不動産屋に水を向けると、

「ボロくていいならあるよ」

と言う。

周囲は割と静かな住宅街で、小金持ちの邸宅なんかも並んでいる。

そういう場所に、ぽつりぽつりと昔ながらの長屋や、昭和を生き抜いて平成に迷い込んだようなボロアパートが混在している。

紹介されたアパートも、そんな具合のものだった。

内見してみると、まあこれがボロい。築年数も怪しく、まさしく昭和のオンボロアパートといった風情である。

しかしながら、このオンボロアパート、何と風呂が付いていた。

しかも、手狭なワンルームマンションにありがちな便器が共存するユニットバスやシャワーなどではなく、風呂とトイレがそれぞれ独立した造りである。

ボロいと言っても風呂付きとなると、そうまで安くはなるまい。

「格安がいいんだろ。このくらいでどうだ」

と、不動産屋は指を立てた。

四万と七千円。ガス水道電気代は自分持ちだ。

この地域の当時の家賃相場はといえば、確か同じ設備の部屋なら七万、いや九万は下るまい。

とすると、相場の半分ほどである。

「いいのかい？」

「いいよ。出血大サービスだ」

建物はボロいが、立地は悪くない。いずれこのアパートも取り壊されて小綺麗なマンションに建て替えられるのだろうが、それまでの僅かな間でも格安で暮らせるならそれでいい。

谷中さんはその場で手付けを払って即決した。


住み始めてみると、なるほど安いなりだった。

時折、窓がガタガタ鳴る。

建て付けが悪いのか、風に煽られてガタつく。

窓だけではない。

室内の襖がガタガタ鳴る。

押し入れの戸板もガタガタ鳴る。

玄関脇のサッシ窓もガタガタ鳴る。

古さを考えれば、家鳴りということもあるまい。

鳶の端くれである谷中さんは考えた。

風に煽られて建物が軋《きし》んでいるのか、それとも近所の道路を走るトラックか何かで揺れているのか。

基礎が腐っているような古い建物では、ままあることだ。

それも安いなりか、と納得ずくなので気にはしないでいた。


ある晩のこと。

ガタガタ、ガタガタ。

谷中さんが部屋でゴロゴロしていると、例によって例の如く、何処かの扉がガタつく音が聞こえてきた。

すっかり慣れたものだったが、今度は何処の扉だと周囲を見回した。

風呂場のガラス戸がガタガタ揺れていた。

それは、小刻みに揺れながらゆっくり開いていった。

「おン？」

開き切った扉の向こうに、女がいた。

それは煮染めたように真っ黒で、果たして人かどうかも怪しい代物だった。

だが、女であることだけは確信できた。

顔も形も判然としない黒い塊なのに、それは確かに女であった。

このときの谷中さんには、不審者を恫喝《どうかつ》するゆとりがなかった。

この時代の安アパートでは、台所と風呂とトイレの水回りは玄関側に纏められているものが多かった。

風呂場は定石通り玄関脇に据えられており、谷中さんには逃げ場がないのだった。

谷中さんは鳶の端くれである。

故に、窓から道路に飛び降りて逃げた。


「あンだよオメエ。ビビってんのかヨ」

と、谷中さんの兄が笑うので、「だったら住んでみろよ」と鍵を渡した。

思いがけず格安の部屋を手に入れた兄は、ホクホク顔で出かけていった。

そして、一泊で逃げた。

「いや……スマン。出たわ」

聞くと、おおよその流れは同じで、部屋中がガタガタ言って風呂場に黒い女が出た。

「出た出たっておめえら、兄弟揃って何やってんだよ」

谷中兄弟の両親は、呆れかえった。

聞けば、谷中兄も弟に続き、窓から逃げてきたと言って裸足で帰ってきた。

ということは、玄関も窓も開けっぱなしになっているのではないか。

いい歳をしてオバケだ女だと可愛いことを言うもんだ、と両親は笑ったが、ボロアパートとはいえ室内を雨風に晒してしまっては、敷金だって戻ってこないだろう。

そこで、愚息達の面倒事を片付けるべく、様子を見にいくことにした。

何しろ、現地は実家からさほどもない距離である。犬の散歩のついでに立ち寄ってみるかと、夫婦は溺愛するポメラニアンを連れて件のボロアパートに向かった。

息子から聞いた住所に、聞いた通りのボロアパートが建っている。

「なるほど、ここか」

表通りから見上げると、谷中兄の言葉通り窓は開きっぱなしである。

しょうがねえなあ、と言《ご》ちて軋む階段を上ろうとした。

したのだが、ポメラニアンが抵抗した。

リードをパンパンに張って、尚且つ足に根が生えたかというほどに動かない。あのキャンキャン喧《やかま》しいのが取り柄の軽量級の犬が、吠え声一つ上げることなく、ただただアパートに入ることを拒絶している。

じゃあ、とリードを母に預けて父が入ろうとすると、そのズボンの袖を噛んで止める。

谷中さんの両親もまた、諦めた。

「そりゃあ、安い部屋には安いなりの理由があるわな」

文句の一つも言わねば気が済まないと事情を訊ねると、不動産屋は隠し立てすることなく、あっさり種明かしをした。

「あの部屋な、前は妊婦が住んでたんだよ」

連れ添いがいたかどうかは分からないが、女は部屋で流産した。らしい。

らしい、というのは当人から事情を聞くことができなかったためだ。

女は風呂場で子供を流してしまった後、そこで自死した。

首を括ったか、手首でも切ったか、死に方については聞かなかった。

「あの風呂場でか」

「あの風呂場でだ。見ただろ？」

鳶は度胸で勝負とも言われる職業だが、こっち方面の度胸は持ち合わせていない。

ということで、早々に解約した。

詳しい場所を訊いたら、筆者が真夜中のウォーキングでしばしば彷徨《うろつ》く界隈だった。

今は近場に小綺麗なショッピングモールが建っていて、そこそこ賑わっている。

遺されたもの

　会社員の新見さんは、健康のためにウォーキングを始めた。

　元々太り難い体質だったらしく、数年前までは連日の暴飲暴食を何度続けても、身体にそれほどの影響はなかった。

　しかし、加齢とともに変化したのかいつの間にかお腹の贅肉《ぜいにく》が気になり出した辺りで、健康診断の血液検査の結果が甘い考えに止めを刺した。

　今まで運動らしきものは殆どしてこなかったが、流石に何か行動しないとまずい。

　その結果としての、ウォーキングである。

　そうは言っても、本格的なものではない。休日で暇な時間があるときにアパートの部屋をぶらりと出ては、気ままに歩く。決まったコースなど一切なく、歩く速さも距離も気にしない。ただ漠然と、目の前に現れた道をひたすら歩く、それだけ。

　ただし、できる限り車通りの多い道は避けて、極力狭い道ばかりを選んで歩いては、飽きるか疲れるかしたらすぐに戻る、といったことを繰り返していた。

ある休日の午後。

連日押し寄せていた寒波が一休みしたのか、朝から気温も上昇して、珍しく過ごし易い日であった。

新見さんは昼食のカップ麺を完食すると、さっと着替えてアパートの部屋を出た。

そして車通りの少ない道を選んで、ぶらぶらと歩き始めた。

いつもは周りの家や風景などに一切目をやらなかったが、この日ばかりは何故か違った。

ぽかぽかと暖かい日差しによって気分が高揚していたせいなのかもしれない。

アパートから二十分程度歩いた辺りで、とある裏路地に入り込んだ。

もしかしたら今まで通ったことがあったのかもしれない。しかし、周囲には殆ど目を配らなかったため、周りの家々は初めて見るようにしか思えない。

赤茶けて今にも崩落しそうな鉄製の階段が見えてきた。そのあからさまに古いアパートはまだ現役らしく、薄っすらと開いた窓からテレビの音が漏れ聞こえてくる。

二階建ての建物全体が蔓植物に侵食されている家屋は、人がいなくなってから相当な年月を経過していると思われる。

こうやって見るとなかなか興味深い道だな、などと感じ入っていると、今度は広い庭のある結構な豪邸らしき物件に行き当たった。

ここも既に廃墟らしく、荒れ果てた庭からは様々な植物が入り乱れ、窓ガラスが割れた邸内へと幾重にも及んで突き刺さっている。

庭の真ん中には高級車らしきセダンが放置されており、車種は勿論元々の塗装の色すらさっぱり分からない状態になっていた。

ここまで物凄い廃屋は見たことがなかったので、思わず門の前で見とれていると、門柱の上に何やら置いてある。

思わず手を伸ばして、それを手に取った。

冷たくずっしりとした感触が伝わり、まるで値踏みするかのようにじっくりと見渡してみる。

それは、上半身裸のおしめをした赤ん坊が這っている姿を模った、置物であった。

赤ん坊といっても可愛らしくデフォルメされたものではない。人間の赤ん坊がはいはい歩きをしている所を題材とした、リアルな作品である。

直径二十センチ程度の手頃なサイズで、台座の部分だけは床をモチーフにしており、その底には1973・09・28と刻印されていた。

ここで、頂けない思考が頭の中を過った。

薄気味悪い代物だが、ひょっとしたら高値で売れるんじゃないだろうか。最近始めたネットオークションに、駄目元で出品してみるか。

もし値段が付かないような代物だったら、捨ててしまえばいいじゃないか。

新見さんはほんの一瞬だけ辺りを見渡すと、その像を右手で握り締めながら、早足で踵《きびす》を返したのである。


家に帰るやいなやノートパソコンを起動しようとするが、どういった訳か全く立ち上がらない。

色々と試行錯誤してみるが、画面は真っ暗なままでウンともスンとも言わない。

これは、暫く無理だな。

会社にパソコン修理の好きな奴がいたので、そいつにお願いするしかない、と判断して今日のネットオークションへの出品は諦めざるを得なかった。

予定が狂ったので、夕方から近くの居酒屋にでも行って飲むことにした。

思ったよりも深酒してしまい、ふらふらになって自室へと辿り着いたときには、午後十時を過ぎていた。

そしてそのまま寝床へ倒れ込むなり、頭の中がぐるぐると回り始める。

あ、これはかなりヤバい感覚かもしれない。明日の宿酔は覚悟しなくてはなるまい。

まあでも、明日は日曜で良かった、などと考えていると、いつの間にか眠りに落ちてしまった。


「お前が……お前が悪いんだっっっっ！」

突然聞こえてきた怒鳴り声で、新見さんは飛び起きた。

辺りは真っ暗で訳が分からなかったが、ふと目に入ってきた時計が一時過ぎを示していたので、まだ真夜中だということだけは朦朧とした頭で理解することができた。

しかし一体、あんな怒鳴り声は何処から聞こえてきたのであろうか。あの声の感じからすると、恐らくまだ若い男性の声に違いない。

このアパートの壁はお世辞にも厚いとは言えないが、ある程度は防音効果があるはず。たとえ隣室で大声を張り上げても、あそこまではっきりとは聞こえてこないであろう。

しーんと静まり帰って物音一つしない部屋の中で、彼は耳を澄ました。

何だ、何も聞こえないじゃないか。もしかしたら酒のせいなのか。

そう思った瞬間、またしても大きな音が耳に入ってきた。

「いいいいいいいいいいいやぁぁぁぁぁぁぁっっっっ！」

今度は若い女性のものらしき狂気じみた悲鳴が、耳を劈《つんざ》く。

思わず暗闇の中、辺りを見渡すが、勿論何も見えないだけではなく、未だにあんな声が何処から聞こえてきたのかすら判断ができない。

更には、先ほどの二人が争ってでもいるのか、まるで小競り合いしているかのような衣擦れや足音が鳴り響いてきた。

「っっっっくっっっそがぁぁぁぁぁ！　しっっっねっっっっっえっっっっっ！」

明らかに精神状態が崩壊していると思しき若い男の大声の後に、どすん、といった鈍い物音とともに部屋が軽く揺れた。

重い頭陀《ずだ》袋を壁に投げつけたかのような音を聞いた途端、何故かその情景が脳内で詳細に再現される。

半狂乱で縋る女性を足蹴にした男が、両手に抱えた赤ん坊を、思いっきり壁に叩き付ける。

いやいやいや、赤ん坊は一体何処から出てきたのか。赤ん坊の声なんて聞こえていないはずなのに。

頭を振りながら己の妄想を必死になって打ち消そうとした。だが、どこからともなく聞こえてきた女性のすすり泣きとともに、頭の中がぐるりぐるりと回転し始めて、そのまま意識を失ってしまった。

目が覚めると、信じられないほど体調が悪い。

全身の筋肉が凝り固まって悲鳴を上げているだけでなく、強烈な頭痛と腹痛が容赦なく襲いかかってくる。

とりあえずトイレに行って、悪いモノを出さなければ。

そう思いつつ歩き始めたところで、トイレの扉の前に異様なものを発見した。

それは、仰向けになったおしめ姿の赤ん坊であった。

色は何故かセピア色になっているが、その状態だけははっきりと分かる。

両目を目一杯開き、浅く小刻みに苦しそうな口呼吸をしている。

全身はぴくりぴくりと断続的に痙攣《けいれん》しており、その頭部はアケビのようにぱっくりと割れて、大量の体液が流れ出ている。

それが目に入った瞬間、身体が硬直して動かなくなってしまった。

そのとき。

「っっへへへ」

若い男の下卑た薄笑いとともに、煙草臭い息が右の耳に掛かってきたところで、彼の意識は遠くへと飛んでいってしまった。

「もうね、原因ははっきりしてますから」

何時間経過したのか分からなかったが、新見さんは意識を取り戻すなり、すぐに行動へと移した。

赤ん坊の置物をむんずと掴み上げると、すぐにこの部屋から持ち出したのである。

「そりゃ、そうでしょ。あんなもの、部屋の中に置いておくなんて狂気の沙汰ですよ」

それでは元の場所に戻したのかと訊ねると、彼は大きく首を振った。

「滅相もない。あんな場所、もう二度と行きたくないんで。適当に見繕った家の門の上に置いてきましたよ、勿論」

その翌朝、念のために彼がその場所を通ってみると、あの置物は置いた場所から消えていたとのことである。

フェイス・トゥー・フェイス

田井中さんの趣味は写真だ。

「モデルさんお願いして撮るんだけど、色々トラブルあってさ」

相手が人、それもプロではないアマチュアばかりなせいもあって、トラブルは多種多様、絶えない。

「自粛っていうのも変だけど。趣味でやってることなんだし。まぁ、暫くいいかなぁ、みたいな感じになっちゃって」

そんなとき彼は一人、風景を撮りに行く。

「自然はいいよな。すっぽかさないし、変な請求してきたりしないし、ネットであることないこと書き散らさないし……」

しかし自然も優しくはない。

突然冷たい風が吹いたと思えば、あっという間に天候が崩れ……。

「雨がダーって降ってきて。廃坑みたいなところだったからさ、穴に入るのも怖いじゃん。あばら家みたいなのは一杯あるんだけど」

小さい傘は撮影機材を守るので精一杯。

彼は一時、木々が僅かに雨脚を遮るほうへ、獣道の続くほうへと逃れて、ある一軒の施設跡に逃げ込んだ。

そこは鉱山関係の施設だったものか、コンクリート製の比較的しっかりした建物だった。とはいえ壁は落書きだらけ、見渡す限り窓の類は全て割られ、通路を仕切っていたドアも外れていた。

ぴょうぴょうと冷たい風が吹き抜け、その度にバラバラと雨音がコンクリートを打つ音が聞こえたが、振り返ってみればそれも、映画のスクリーンを思わせる窓の外の出来事。

一息吐いて荷を下ろし、タオルで機材と頭を拭くと、漸く人心地がした。

入るときに上を見なかったため、そこが何階建てのどれくらいの規模の建物なのかは分からない。

ただ、入ってすぐのところが吹き抜けになっており、上への階段がある。そこから見上げると上には窓がないのか、暗い。

彼はカメラを手にしていた。今し方拭いたばかりのものである。水濡れからは守ったが、できれば今すぐ家の防湿庫に突っ込みたい。

それを構えて、上に向けてストロボを焚いた。

(三階まであるな)

ストロボの作る濃い陰影。だが吸収されたものか、反射は抑えられている。

手応えを感じ、もう一枚、もう一枚とついあちこちに向けてシャッターを切る。

最近はこういう廃墟写真もブームだ、との狙いもあった。廃墟写真集や廃墟カレンダー。アリかもしれない。

彼は設定を変えながら階段のステップに上がる。

古びた、コントラストの低い風景。恨めしい雨風も、その朧気《おぼろげ》な光が廃墟内部に落とす陰影は、見ようによってはエモい。

彼は、モニターを兼ねる液晶ファインダーを見ながら手摺り越しに一枚。

階段を上がって二階を見渡し、上からロビーを見下ろして一枚。

そこでふと、写真に写り込んだ異物に気付く。

(──なんだこれ)

二階から見下ろすと、一階天井の高さで縦横に走る梁《はり》がある。

その梁の下に、こちらを見上げる少女が写っているのだ。

人影なんてものではない。

赤いランドセルを背負い、デニム地のジャンパースカート。長い靴下。

しかし顔は、こちらを見上げているようだが、梁に阻まれて見えない。

かなり遅れて、背筋がぞっとした。

絞った設定である。梁にも床にもピントが合っているのに、その少女だけピントが甘い。

それだけではない——梁の影が、その少女には落ちていないのだ。

実体を伴うものではない。

つまりそれは、この世のものではないのだろう。

咄嗟に、写真を削除していた。

削除すると、一つ前の写真が表示される。

そこにも——階段の手摺りの向こうに、同じ少女が立っている。

やはり顔だけが階段の手摺りに隠れて写っていない。

それでもその向きは恐らく——このレンズに向けられていた、と感じた。

〝目線ください〟

それは何度も彼が口にしてきた言葉であったが。

「雨かお化けか——少しは迷ったけどさ」

彼は、再び雨の中へと駆け出していた。

幸い雨脚は弱まっており、何とか機材を守って裾野に駐めた車まで戻れたという。

ところが。

「車に乗ってさ、帰る途中で、やったらスマホに着信あったのに気付いたんだよ。履歴見たら、全部、気付かないいくらい短い時間で――」

十六時三十八分から三十九分に掛けて四回。二分後にまた二回。三分後に一回。

全て非通知だ。

カメラにあった写真のタイムスタンプと比べてみると、どれも彼が例の廃墟で写真を撮った時刻と非常に近い。

回数まで枚数と一致しているように思えた。

はっきりとは分からない。写真は殆どその場で消してしまった。彼がそこで撮った、最初の数枚を除く殆どの写真に、あの少女が写り込んでいたからだ。

「そのどれも、顔だけが上手い具合に隠れてたんだよ。そのときは、それが変だと思ったんだ」

――何処が変なのか。

カメラから顔が隠れているということは、その少女からもカメラのレンズが見えていなかったはずだ。

従って、カメラ目線にはなりようがないのだ。

家に帰り着いた彼は、玄関に入ってギョッとした。

家の固定電話に着信の記録があったのだ。

念のため確認すると、それはスマホのほうに残っていた着信時刻と完全に一致していた。

同じ人物の仕業であろう。

しかし同一時刻に同一人物が、家とスマホの両方に電話を掛けることは、通常ない。まずありえないと言ってよいだろう。

「——今もふと思うんだけど。あのときは、ついクセで被写体は『レンズを見てるはずだ』って考えだったんだよ。モデルは、カメラのレンズしか見ないもんだからさ」

でもどうだろうか、と彼は疑問に思う。

事実、レンズから見て少女の顔が遮られていたのだから、少女からもレンズは見えなかったはずである。

思い返してみると、田井中さんはシャッターを切るとき、カメラのファインダーを覗いてはいなかった。液晶モニターのほうを見て撮影していたのだ。

「俺は、カメラから顔を離してた。あの女の子はレンズじゃなく——俺を見てたんじゃないか」

長いトンネル

「知ってるでしょ、あのトンネル。有名みたいなんで」

名前を訊けば確かに〝出る〟ことで高名な、あのトンネルである。峠道にある狭いトンネルで、さほど長くはない。

人柱を埋めたとか、壁面に黒い人影が現れるとか、ライトを全部消してクラクションを三回鳴らすと幽霊が出るとか――話だけなら何処にでもありそうな噂がある。

鈴木君も都合三度はそこを訪れたのだそうだ。

物好きでも大抵は一度行けば気が済むだろうに、三回とは何事だろうか。

鈴木君にとっての所感は『ちょっと変な感じはするけど、フツーのトンネルじゃん』という感じだったそうだが――。

内訳を訊くと、一度目は友人らと。二度目は、一人を除き同じ面子で。

「最初に行ったときの仲間の一人が、暫くしてその先で事故ったんです。近くの病院に担ぎ込まれたっていうんで、その見舞いに通ったのが二度目。見舞いの帰りにも通ったんですが、そっちはノーカンで」

ならば三度目は。

「——その人がそのまま死んじゃったから……」

事故で命を落とした知人は、佐藤といった。

鈴木君にとって、実はよく知らない人物だったという。親しい友人の連れであったため、見舞いにも流れで同行しただけである。

事故当時佐藤さんはシートベルトをしておらず打撲と骨折は酷かったが、見舞いのときの様子ではとても死んでしまうようには見えなかった。

それにしても、佐藤さんが何故一人でまたその付近をドライブしていたのか、そのことが気になっていた。

最初にトンネルを訪れたとき、佐藤さんは車も免許もなかったと聞いた。わざわざ自分で免許を取ってトンネルを再訪したとも思い難く、免許を取ったあとのドライブ先として偶々あのトンネルを選んだと考えるのが妥当だろう。

しかし鈴木君が思い出す限り、あのトンネルでの彼の様子は——少し妙に思えた。

「他の連中は、ぎゃあぎゃあ騒いでたんですよ。でも、あの佐藤って人だけはずっと静かに、トンネルの壁をじーっと見て……」

震えていたのだという。

彼は、彼だけは何かを見たのか。

それがどうしても気になって、鈴木君は献花を名目に三度そのトンネルを訪れた訳だ。

午後ゆっくり車を出して、一人トンネルに向かった。

一人で行くつもりはなく、前週から仲間に声を掛けていたのだが、『俺らもう行ったから』『悪ぃ、その日はちょっと』みたいな感じだった。

どうしてお前が？　との疑問が言外に含まれているような気もした。亡くなった佐藤さんと特に親しかった訳ではないから、それも仕方がない。

五時過ぎくらいにトンネルを通る。通りしな、あの日佐藤さんがじっと見ていた壁を探したけれど、なかなか見つからない。

大きなトンネルではない。ぎりぎりすれ違えるかどうかくらいの幅しかないため、往来のある時間帯に探索するのも無理がある。

結局見つからないまま通り過ぎてしまった。路肩に停車して観察していると、通行量もそこそこある。

（やっぱ夜来ないとダメか）

そのまま町へ降りてゆく途中のカーブに、献花があった。

事故現場である。

先に仲間から聞いていた通り、既に花や飲み物が供えてあった。鈴木君もこれに倣い、花を供えて手を合わせる。

現場は緩やかなカーブで、通例、事故など起こりそうにないように思えた。

彼はそのまま町へ抜け、時間を潰した。

夜遅くなった頃、再びトンネルに戻った。

「俺、トンネル自体、あんま怖いと思ってなかったんですよ」

トンネルが不気味であることは彼も同意する。しかし何処のトンネルも同じくらい不気味で、同じくらいただの道だ。

幾ら不気味だと言ってもトンネルを避けて暮らせるものでもない。その点で、トンネルをして心霊スポットだなどという向きには、彼は同意できなかった。

きっと佐藤さんが一人でここを再訪したのも、免許取りたてで来るのに丁度いいスポットだったからという理由だろうと鈴木君は思う。トンネルは、車で来られて、使われている道なら立ち入り禁止の心配がない——大きなハズレがないスポットとして便利だから人気があるに過ぎないと考えた訳だ。

「――ライト全部消してクラクション鳴らしたときだけは、死ぬほど怖かったっすけどね」


既に交通量は殆どなかった。

道には街灯も疎《まば》らにあるが、トンネル内の照明は点灯していない。

ゆっくり車で入る。バックミラーでは、テールランプの光が内壁を赤く染め上げていた。

（確か真ん中辺りだったよな）

佐藤さんの様子がおかしいと気付いたのは、ヘッドライトを消してクラクションを鳴らす少し前のことだった。ただ、その間車が進んでいたのか、止まっていたのか記憶にない。

このトンネルにまつわる噂を思い出す――『壁面に、黒い人影のようなものがある』という。

（人影、人影――ねぇ）

中程から更にゆっくり、両側の壁に注意して進む――。

と、壁に妙な模様が浮かび上がっているのに気付いた。

（鳥居？　いや、門？）

巨大な、鳥居のような門構えだ。垂直の黒い線は壁面から染み出す水のせいだとして、水平の太い線が分からない。

昼間通ったときには気付かなかった。

以前来たときは――あったのかもしれないが、大きすぎて、鈴木君の座っていた座席からは全容が見えなかったように思う。

この門は、窓際からでないと認識できないのだ。

ドラレコには映っているだろうか。咄嗟にダッシュボードとの間に設置したスマホに手を伸ばす。

と、手が震えてスマホを上手く持てない。

自分の身体に起きていた異変に気付いた。寒くもないのに、手が激しく震えていたのだ。

一体いつからなのか、自覚がない。

いや、自覚など今この瞬間にもない。どうして自分の手は言うことを聞かないのか？

客観的に見て震えの振幅は大きく、ドリンクなら中身が噴き出るであろうほど。

事実、漸く手にしたスマホも、魚をとり逃がすように落としてしまった。

そのとき、今度はエンジンが突然頼りない音を立てて萎えるように静かになった。

同時にヘッドライトが消える。

慌ててエンジンを掛け直そうにも、手が震えて上手くいかない。

何故か、クラクションがビーッと鳴りだした。ステアリングに触れていないのに、だ。

「ちょ、ちょっと、やめろ」

震えてエンジンを点けられない。

手の震えは全身に及び、身体全体が震えている。

それどころか、車全体が上下に細かく振動を始めていた。

静まれ、静まれと何度も唱える鈴木君だったが――。

手がスイッチに触れて、ヘッドライトだけが点灯した。俄《にわか》に前方の闇が切り取られ、ごつごつしたトンネルの内部が明らかになる。

背後は――と、彼は後ろを振り返った。

そこに、人影がある。

リアガラスの向こうに、一際暗い人影があるのだ。それは、ぼんやりと明るいトンネルの入り口を、黒く人の形に切り取っている。

気付いたとき、人影は既に近かった。

車の背後、すぐのところにおり、ゆっくりと歩いてそのまま――トランクの上に乗る。

「おい！　誰だ！　降りろ！」

乗られたことによる沈み込みなどはなかった。あったとしても、鈴木君も車も既に上下に振動しており、気付きようがなかっただろう。

人影はトランクの上に立ち、更にリアガラスの上部に手を掛ける。

真っ黒な二本の足だけになったと思うと、すぐに片足が屋根に上がり、もう片足も続いて——人影は、すっかり車の屋根によじ登ってしまった。

「降りろ!!　降りてくれよ!!」

四方の窓を繰り返し見渡すが、登った人影が降りてゆくような感覚はない。

すると、エンジンが点いた。

堪らず彼はステアリングにしがみつき、車を急発進させた。

屋根に登った人影を振り払うように。

トンネルを飛び出し、カーブというカーブを減速なしで駆け抜ける。

「落ちろ!!　落ちろ!!」

麓まで降りても、手足の震えは止まらなかった。


「コンビニの駐車場に入っても、手がハンドルから離れなくって……一時間くらいかな、車から出られませんでした」

コンビニの店員が不審がって様子を見に出てきたことで、漸く彼は安全を確保したと実感できた。

しかし手の震えは暫く止まらなかった。

「会計のとき、小銭は出せないしタッチも反応しないし……で、店員が言うんですよ。『あのトンネル行きました？』って。『一人で？　マジ？』って」

稀にそうした客が来るのだという。

しかしその中でも、鈴木君は珍しいほうだったらしい。

「『震えてる人と乗せてる人がいるけど、どっちもは珍しいよ』って言われて」

鈴木君は思わず車のほうを振り返ったが、そこには何もいなかったという。

ところで、屋根に乗ってきた人影であるが、鈴木君は何となくそのシルエットに見覚えがあるのだそうだ。

恐らく気のせいですけど、と断った上で彼はこう言った。

「歩き方とか姿勢とか——あれ、佐藤さんに似てたんです」

佐藤さんが鈴木君を連れに来たのだろうか？

恐らく、そうではないと彼は考える。

付き合いの薄かった鈴木君でさえ、似ていると直感するほどなのだ。本人がそれを目撃していたらどうなるだろう。

つまり佐藤さんは事故の日、その人影と再会するために訪れたのではないか、と。

「佐藤さんは、探しにきたんじゃないんですかね。トンネルを彷徨《さまよ》う人影を、自分だと……いやどうかな、そんなこと思わないですよね、普通」

真っ黒な人影を見ても、自分だとは思わないだろう。しかし紛れもなく自分に見えていたらどうだろうか。

トンネルの中で、出られなくなった自分を見たとしたら、そのまま何もなかったことにはできないだろう。

今は、トンネルとはそうした場所なのかもしれないと鈴木君は思う。

露天

桑原さんは休みを利用して九州を訪れた。

ついでに寄った温泉地で一泊し、滓《おり》のように溜まった疲れを落とす。

「着いて早々に一回入って。夕食前にも……」

一回入れば十分だと普段の彼なら考えるところだったが、思いのほか湯が身体に染みた。

熱い湯が背骨に染み入るようで、二時間と空けずにもう一度入った。

「飯のあと飲みに行くにも山の中だからちょっとな」

山間の崖のような土地に張り付く四階建ての旅館で、露天からは眼下に渓流を臨む。

最初に入浴したときは天気が悪く、夕食前に入ったときは既に暗く、彼は濁流の音だけを聴いていた。

夕食後は熱燗を飲んで、コロッと寝てしまったそうである。

翌朝、桑原さんは四時半に布団から起き出した。

寝覚めは良い。いい風呂に入ってゆっくり寝たせいだろう。しかし外はまだ薄暗く、こんな早朝にやることなどない。

そこで彼はまた温泉に入ろうと、一番下の階まで下りた。まだ露天風呂からの景色をゆっくり見ていないのだ。

早朝の風呂には他の客の姿もなかった。

内風呂の奥、ちょっとした休憩所のガラス戸を挟んで、外風呂が見える。そこを抜けたところが八畳ほどの広さの湯舟を備えた露天風呂だ。

渓流沿いの木々が迫るパノラマビュー。更に上には、架けられた橋が見える。

尤《もっと》も、頭上をすっかり覆う上階部分の軒が出っ張っているため、正確には半露天ではあるのだろう。

前日まで天気が荒れていたためか、川の水流は多く、茶色い土砂が濁流となっていた。

また別の日には全く違う表情を見せるのだろうが——残念に思いつつ、桑原さんは湯舟に肩まで沈んだ。

一頻《ひとしき》り湯浴《ゆあ》みを愉しんでいると、外は段々と明るくなってくる。

そこでふと景色に目をやり、ギョッとした。

子供の顔があったのだ。

見上げたところ、軒先の端から、逆さまに覗く小さな頭。

思わず、ヒッと息を呑んだ。

大声を上げそうになったが、お湯をバシャバシャと跳ねさせた程度で我に返る。

息を整え、湯で顔を洗う。

頭はまだそこにあった。見間違いではない。子供は、興味深そうにこちらを覗いていた。

きっと上階の客の子供がふざけてベランダの柵《さく》の下から身を乗り出して覗いているのだろう。そうとしか考えられない。

軽く咳払いしても子供はまだこちらを見ている。

声を上げて追っ払おうか。しかし悪気があってのことでもないだろう。勿論居心地のよいものでもないが、引っ込ませたところで逆に自己嫌悪が募るだけのような気がしたのだ。

ふぅ、ああ、とこれみよがしに息を吐き出す。

視線を感じる。

子供はまだこっちを見ている。

親は寝ているのだろうか。危ないのではないか。

そうだ。ベランダの下からあんなふうに逆さまに上半身を突き出しているなんて、危なくない訳がない。

今すぐやめるよう諭すべきなのだ。

桑原さんは、顔を上げた。息を吸い、なるべく落ち着いたトーンで、優しそうに。

そこで気付く。

見えるのは上からぶら下がった頭だけで、肩が見えない。

逆さまになった子供の首——子供の首とは、あんなに長いものだろうか。

「おい、君、やめなさい。危ないぞ」

漸く、その言葉を言った。

すると、その子供は満面の笑顔になって、口を開いた。

〈危ないのはお前のほうだよ〉


「……何言われたのか、最初分からなくってさ」

桑原さんは湯から上がり、尻を向けて逃げ出した。

内風呂の窓から露天を振り返ったとき、まだ子供の頭はそこに垂れ下がっていた。

笑い声こそここまでは届かなかったが——大口を開けて嗤っていた。

その首はやはり、異様に伸びていたという。

ととのう

乾さんはサウナーだ。都内の朝までやっているスーパー銭湯を制覇して、密かに番付も作っている。

彼が重視するポイントは上からまず水風呂だ。

「水風呂が汚いところは、サウナが良くても避けるね。まぁ、料金は張るとこが多い」

水風呂はサウナと対になっている。

サウナで身体を過剰に加温してから、水風呂で過冷却を行う。これを交互に繰り返すと、血管も膨張・収縮し、気持ちよくなる——今更説明することもないようだが、これが所謂〝ととのう〟だ。

これも言わずもがなであるが、〝ととのう〟ことは身体に過剰なストレスを掛けることで、血管の持病などを悪化させる恐れも指摘されている。

乾さんは元々ダイエットのために始めたことだが、この路線はすぐに諦めた。

「サウナスーツってあるだろ？　効くと思ったんだよ。でもサウナに長時間入ってりゃ分かるが、客の大半は太ってる。こりゃ効かねえわってなったんだけれど」

効果があろうがなかろうが、身体に良かろうが悪かろうが、気が付くとそんなことはおかまいなしになっていた。


水風呂に並び、彼が、もう一つ重視している要素がある。

それはテレビだ。

サウナ室の中にテレビを設置している浴場が多く、直接触れれば火傷するような温度の蒸気で茹だっている間は、目は常にテレビ画面へ向けられている。

客はチャンネルを変えられないので、店の選局センスが問われる。

深夜であるから、碌な番組はやっていない。通販番組など映している店はダメである。

一番いいのは深夜ドラマや、映画だ。

アニメは、初めこそ声優の声がキンキン喧しくて嫌いだったが、サウナの濃厚な蒸気の中で聞くと何故か心地よく、とりわけ好きになった。

「声優の声がさ、〝ととのう〟のに重要なんじゃないかって気がしてきたんだよ。いい声を聴いて水風呂に入ると、より〝ととのう〟」

ととのいを導く、ととのいの女神。

肝腎の話の筋のほうは、ちゃんとは追えない。

長くても十数分置きに退出するのだから、当然全部は見られない。そもそも毎週決まった時間にサウナに来る訳でもなく、多くの作品が一期一会である。

だが続きが気になるくらいが丁度よいのだそうだ。

水風呂に浸かりながら、続きがどうなったか想像する。

キャラクターは全員同じに見える。声も同じ声が、頭の中でこだまする。ととのいの扉に手を掛ける。

十分身体を冷やしてからまたサウナに戻り、どうしてこういう展開になったのか想像を繋ぐ。こんなに真剣にテレビを観ることなど、他では考えられない。

だが、あるときそれを妨げるものがあった。

〈ズゴー……ズゴーッ……ズズッ……ズゴーッ〉

天にまします新人声優達、ととのいの天使が集まって開きかけた門を、一瞬にして破壊するアポカリプティック・サウンド。

テレビ画面から目を離し右奥を見ると、そこに腕組みしたまま項垂《うなだ》れた、裸の巨漢がいる。アニメから出てきたオークのようだ。

掃除機のような轟音は、寝息であろうか。

偶に顔を上げてぺちゃぺちゃと顔の汗を叩《はた》いては頭を振って周囲に巻き散らしているので、熟睡している訳ではなさそうだ。

乾さんは不快になり、サウナを出て水風呂に浸かる。

だがととのいの女神は現れなかった。代わって、地鳴りのような呼吸音が頭に響く。

乾さんは、ととのえなくなった。


「それまでも、何度かは見かけた男だと思うよ。そのとき邪魔されてから、急に気になるようになった」

乾さんとしても、こちらも全裸のビール腹であるから別にそこを責めるつもりはない。

ただあの呼吸音。それから時折ブシャシャシャと頭を振って汗を巻き散らす動作が、どうにも気に障る。一度気になってしまうと、もう鼻に付くようになる。

暫くはその浴場を避けがちになり、番付の大関から小結辺りをローテすることが多くなった。

その辺りになると、水風呂のタイルは緑色に変色していて垢のようなものも浮いている。

場所によっては学生が多くて騒がしかったり、酔っ払いが多くてサウナで倒れて騒ぎになったりと非常に落ち着かない。テレビも通販番組か、NHKばかりだ。

何よりオークのような客は、決して珍しくはないのだ。何処のサウナにも似た客はいる。

気にしたら負け――そういう次元のことを、気にするようになってしまった訳だ。

あの男がいないように祈って例の浴場に戻ってみても、折り悪く居合わせてしまう。

ところが半年ほど過ぎた頃、あの男の姿をぱったりと見かけなくなった。


再び、乾さんに完璧なととのいが戻ってきた。

深夜帯、終電も終わって小一時間が過ぎた。人も疎らになったスーパー銭湯で、サウナに入っているのは乾さんだけというタイミングもある。

テレビには新シーズンのアニメ。ととのいの女神達は、以前と変わらず彼を迎えてくれた。もしかすると本当に同じ声優だったのかもしれない。

この頃増えていた歌モノのアニメによって、乾さんはより一層確実に、ととのいの扉の前に立った。

しかし。

〈ズゴー……ズゴーッ……〉

何処からともなく、耳に蘇るあの音。

周りを見渡してもサウナ室には乾さん一人。

ふとテレビを見ると、横に走る不快なノイズだらけになっており、それに合わせて声優達の音楽が、途切れ途切れになる。

翌週、サウナ室のテレビには〝故障中〟の張り紙が貼られていた。

乾さんは、息を止めて水風呂に頭まで沈んだ。


故障したテレビは、経費削減のためか修理されることがなかった。

次の週も、また次の週も故障中のまま。

小さいテレビである。二万か三万持って量販店に駆けこめばもっといい機種が買える。

それがなぜ直らないのかと彼は心底苛立った。

そこで彼は、ある禁じられた行いに手を出すことにした。


「銭湯って何処も大抵、浴室へのスマホ持ち込みは禁止だ。場所によっちゃ脱衣場でも禁止のところがあるくらい嫌われてんだな」

テレビがないなら、スマホを持っていけば良い――彼のスマホは防水仕様であった。

好きな番組が見られる。それどころか、好きな天使の声を聴いてととのうことができる。

このアイデアに、乾さんは小さく震えた。

「大したことじゃない。だってサウナは飲食禁止なのに、飲み物持ち込んでる奴は沢山いるんだ。店員だってそんなことといちいち目くじら立てちゃいない。おかしな決まりだよ。別に汚す訳じゃなし、そもそも誰もいなきゃ、誰の迷惑になるっていうんだ?」

乾さんはこっそり、タオルに包んでシャンプーなどと一緒にバスケットに入れた。

何食わぬ顔でサウナのドアの近くにある、ちょっとしたロッカーに放り込む。そこにあるサウナ用タオルの枚数で利用者の数が分かる。この時間帯、団体の酔客でもいなければせいぜい三人か四人である。

身体を洗い、ひとっ風呂浴びながら、他の客がサウナ室から出るのを待った。

数分と待たずに二人組が出てきたため、入れ替わりにサウナタオルとバスケットを取り、サウナに入る。

案の定、室内には乾さんだけだった。

テレビはまだ故障中である。しかし問題はない。乾さんはバスケットからスマホを出すと、動画を再生した。

前期の放送作品である。

室温六十度のアニメ鑑賞を始める。自分が観ていないときにはこういう台詞があったのか、こんな演技をしていたのかと追体験をし、ボリュームを上げて目を閉じる。

乾さんは一度サウナを出て、水風呂に浸かった。引き締まる。

再びサウナに入り、動画を鑑賞。

これを二、三度繰り返すだけで、天使が頭上に舞い始める。

天国が近い。

途中、ドアが開いて二人組が入ってきた。乾さんは慌ててスマホの動画を止め、尻に敷いたバスタオルの下に隠した。

二人は離れたところに座り、怪訝そうに小声で何やら話していたが——一頻り笑った後、野球の話に没頭し始めた。乾さんのことは特に気に掛けない様子である。

テレビもない、スマホも出せないのではもうやることがない。

彼は腕を組み、俯いた。

そのとき。

〈ズゴー……ズゴーッ……ズゴーッ〉

地を震わす音が響く。

それは大袈裟な比喩とばかりは言えない。事実、彼は振動していたのだ。

尻の下に敷いたスマホが、突然振動からなる重低音を含む、例の呼吸音を鳴らし始めた。

奥の二人が、ギョッとしたようにこちらを見た。

違う、違うんだ、と言いかける。だが何が違うのか、自分でもその答えがない。

彼は慌てて尻の下に手を伸ばし、スマホのサイドボタンを乱打する。

〈ズゴーッ……ズゴゴゴゴッ〉

音は止まない。

やむなくスマホを取り出し、その画面を見て、乾さんはハッとした。

真っ暗になった画面に反射して、自分の顔が映っている。

その背後から、画面を覗き込むあの男がいるのだ。

思わず小さく叫んで、スマホを放り投げていた。

二人組が、気まずそうにこそこそと話しながらサウナを出てゆく。

彼は汗びっしょりになっていた。サウナの温度のためだけではない。背中を這う冷たい汗が、まるで無数の指に撫でられているようだ。

背後で、〈ブルシュシュシュシュッ〉と顔の肉が震える音がした。

ぴたぴたと、背中に水滴を浴びる。

蛇口を捻ったように、彼は失禁を始め、止める術がない。

水風呂に入ってもいないのに、身体中がスーッと冷たい空気に包まれ……。

彼は見事——ととのっていた。

「あの二人が店員に通報してたら一発出禁だったろうけど、それは免れたみたいだ」

身体への害が喧伝されるようになり、〝ととのう〟という言葉も殆ど聞かれなくなって久しい。

何がサウナ道だよ、と彼は嗤う。

「俺は、後にも先にもあのときくらいととのったことがないね」

空き部屋のテロル

健太君は、あるカラオケ屋へ行った。

「最近じゃ仕事場として使ってるんですよ」

カラオケは営業先や同僚と行くものだと思っていた。ヒトカラ——一人でカラオケする人も最近では多くなったが、彼は一人でカラオケ屋に入ること自体に抵抗があった。

しかし新型コロナの影響でオフィスに通えなくなったところ、カラオケボックスの定額営業に釣られて仕事をしに入り浸ったことで、今では考えを改めた。

「しかも結構フードメニューが充実してるじゃないですか」


その日、彼は深夜のフリータイムを利用して仕事をしていた。

客もいないのか、歌声が漏れ聞こえることもない。

早速小腹が減り、彼は何か注文しようとして、少し考えた。飲みのついでで通っていた頃は気にしなかったが、割と味付けが濃いので飽きが来る。

ところがその店では、客室から外部のフードデリバリーを注文できたのだ。

何だこういうのがあるなら早く言えよ——と彼は誰にともなく言ちて早速注文をした。

少し経って、部屋に設えられた内線電話が鳴る。

フロントからで、来客があるという。

フロントまで出ていけばいいのか、それとも部屋まで届けてもらえるのか確認したところ、店員は「少々お待ちを」とやや長考し、「お部屋でお待ちください」と言った。

それから更に少し待つと、部屋の前にデリバリーのスタッフが現れた。ドアに嵌った大きなガラス窓でそれが分かる。

ドアを開けて「部屋まですいませんね」と頭を下げると、若いスタッフは厭そうな顔一つせず、

「あ、そんな、いいですよ。もう一部屋あったんで、取り違えるといけないし」

——もう一部屋？

そう健太君は怪訝に思いながらお金を払い、商品を受け取る。

思わず「そりゃ偶然ですね」と言うと、スタッフも釣り銭を数えながら「お品もほぼ同じだったんで、どっちがどっちか分かんなくなりそうで」とはにかむ。

近い時刻に同じ店から同じ店に同じような注文をしたことになる。

偶然か、運命か。健太君は念のため「それ、何号室？」と訊ねた。プライバシーやら何

やらで教えてはもらえないかと思ったが――。

「お隣ですよ」

と事もなげに横の703号室を指差して、「じゃ、またよろしくお願いしまっす」と彼は踵を返す。

「えっ、隣？　えっと、どんな人だった？」

興味が湧いて、呼び止める。

振り返ったデリバリースタッフははにかんだ笑顔を突然、酷く不快そうに歪めた。

「――薄っ気味悪ぃ、女っす」


注文した料理を前に、健太君は考え込んでいた。

この時間、デリバリーに対応している飲食店にそれほど数がある訳ではない。しかしそれでもやはり偶然とは思い難い。

同時、同店、同商品、その上、隣室とは。

Wi-Fiの張り紙を見る。

――盗聴？　いや、注文に使ったスマホはWi-Fiに繋げてはいなかった。

電話でもないから、壁に耳を付けていれば聞こえるというものでもない。

そもそもこのカラオケ店に自分以外の客がいたのか。歌声は聞こえないが、自分と同じように仕事をしているだけの客がいるのかもしれない。

だとしても——。

健太君は立ち上がり、部屋を出た。

廊下に並ぶ各部屋は全てドアが閉じている。

そこを通って同じフロアのロビーに向かう途中、すぐ隣の部屋をそれとなく覗く。

中はかなり暗い。

だが、７０３のドアのスリットから中を見ると、テーブルに並ぶ料理と、ソファに座る女が見えた。

女は、頭からコートを羽織ったようにシルエットが見えない。

しかし顔はこちらへ向けられており、健太君に気付くと片手を挙げ——。

手招きした。

思わず彼はドアから跳ね退き、そのまま肩を怒らせてフロントへ。

「ちょっと、隣の客になんか、セクハラされたんだけど！　ストーカーで、盗聴されてるかもしれない！　誰なの、名前教えて！」

かなり眠そうな店員を相手に、健太君は矢継ぎ早にそう捲し立てる。

店員は半笑いで、一応台帳を確認するような仕草をしたが。

「——お隣はどちらも空き部屋です。お客はいらっしゃらないですよ」

「料理が二人分届いたろ！」

ああ、それね、と店員は頷く。

「704号室様ともう一部屋とだけ言われたので。712号室様かと思いまして」

今いる客は、704の健太君の他は712号室の男だけ。

712号室の男は、まだ浅い時刻に酷く酔っ払って来店したので、一番奥のトイレ近くに案内して先ほど様子を窺《うかが》ったところどうやらお休み中のよう——とのことだった。

店員としては起こしてトラブルになるのが面倒だったからデリバリーを通したのだろう。

隣には誰もいない——この会話の間も、誰もフロントを通ってはいなかった。

諦めて健太君が再び703の前を通ると、中には誰の姿もない。

トイレだろうか。それともまさか、自分の704に忍び込んだ訳ではあるまい——彼は思わずガラスに顔を近付けて703の室内を覗き見る。

恐る恐るドアを開けて中に首を突っ込むと、テーブルには料理だけが残されていた。

確かに、彼が注文したものと同じである。

唯一の違いは、紅いクコの実が載った杏仁豆腐が付いていること。

「……何が杏仁豆腐だよ」

思わずそう口走ると、

〈スキなんだ〉

耳元でそう囁く声がした。

健太君は自室に飛び込み、荷物を纏めると即座に退店した。

＊

隼人君の働いていたカラオケボックスは、繁華街の奥、古い雑居ビルにある。

「その店っていうか、ビル自体が？　〝出る〟ビルだったんですよ」

暇なことが多い店だったという。

客は大体キャバ嬢を連れており、長居しない。

大手の真似をしてフリータイム制なども始めたのであるが、終電前には客はざーっと引けて、空き部屋だらけになる。

「バイトとしちゃ楽でいいんですけど。その分、こう、波があるっつうか」

野口という先輩が料理をある部屋に持っていった。

戻ってきたとき、野口さんはやたら興奮していたそうである。

「出た、出た！　十八号室！　あの部屋、四人で通したろ！　六人いた！」

バックルームでは、波を乗り越えたあとのバイト達が妙に暇を持て余していた。

彼らで台帳を確認すると確かにその部屋の客は四人。持っていった料理も、四人前といえば四人前くらいに思える。

この場合、一番疑わしいのはフロントを通さずこっそり合流したパターンである。

念のため防犯カメラで確認すると、室内には——四人。

「ほら！　やっぱカメラには映らないんだって！」

その店では、多数のバイトがおかしな人影を目撃している。

いるはずのないお客である。

どういう訳かカメラには映らず、客からそうした苦情が来たこともない。

だがこうなると、いることの証明もできない。このときも、ただ野口さんがそう言っているだけの状況だ。

別にそれで困ることもないのだが。

「誰が一番に写真に撮れるか賭けようぜ！」

思い起こすと、あの場の盛り上がりが『おばけを写真に撮ってやろう』という流行のはしりとなった。

人の気配があると、そこをスマホで撮る。しかし何も写らない——空振りの連続。

「皆でムキになっちゃったっていうか。学生ノリですよね」

そのうち、野口さんが画期的なことを言い出した。

前出の健太君が通っていた店と異なり、隼人君の店では空き部屋のドアは開放することになっている。

野口さんによれば、空き部屋でも常に閉まっている部屋があるのだそうだ。

言われてみれば、と隼人君も首肯する。

「そうなんすよ。何かその部屋だけ、開けて、ドアストッパーも噛ましているのに、気が付くとなんか閉まってるんですよね」

いつも同じ部屋だ。

室内の防犯カメラは、モニター上では沢山並んだ映像が次々切り替わるため継続的な監視はし難い。

一方、廊下のカメラは数が少ない分、常に表示されている。

だがその部屋のドアは死角になっていた。

彼らはこれに好機を見た。廊下の防犯カメラの角度を調整し、その部屋のドアが常に映るように仕掛けたのだ。

しかしまたドアが閉まっていると気付いたときに限って、何故か防犯カメラの角度が戻されている。

映像で確認すると、カメラの画角がどうもひとりでに戻っているようであった。


「おぉい！　撮れたよ！」

空振りが続いて諦めかけた頃、内木という男が声を上げ、皆を呼んだ。

〝見逃しの内木〟と異名を持つ男である。彼は元々オフィス街に近い大手カラオケで働いていた。広告代理店の若い新入社員が大勢で訪れそのまま不埒《ふらち》な行為に及ぶのを、彼は防犯カメラでしっかりと確認しつつ、見逃した。

明らかな援交も見逃す。パパ活相手の財布を盗んで逃げるのも見逃す。果ては怪しい取り引きまで——目にしたもの全てを見逃してきた、見逃しのプロであった。あるときそれが店長にばれ、彼は店を追われた。

見逃しの内木は、それを見逃さなかった。

巻き戻して録画を確認すると、廊下の防犯カメラの映像では、問題の部屋が見える。カメラは正常だ。

室内は見えず、半開きのドアだけが――。

と。

室内からヌッと突き出された白い腕が、ドアノブを掴み、勢いよく内側へ引き込んだ。

同時刻の室内映像を確認すると、そこには何の姿もなく、ただドアが自然に閉まったように見える。

隼人君達は騒然となった。

内木はその映像をスマホで撮り、喜び勇んでＳＮＳにアップした。

「でも、何故か見返したら、動画が違う奴だったんですよね――」

実際にアップされたものは、彼らが厨房で悪ふざけする映像だった。

所謂バイトテロと呼ばれる社会現象が相次ぎ、食傷気味と捉えられていた時期でもある。

即座に削除し、大問題にはならないだろうと彼らは励まし合ったが。

「まぁ、そんな訳で全員クビです」

そのビルに現れるものが一体なんだったのか、それは今も分からない。

出会い

現在中国地方に住む山勢さんは、料理人である。

彼は三十代で初めての店を持った。

当時店を構えた場所は中部地方で、一等地とは言えない立地だったが、一国一城の主としてやる気に満ち溢れ、毎日が楽しかったという。

その店はイタリアンをベースにした創作料理が売りの店だった。

とはいえ、フレンチや和食や中華、トルコ料理など他ジャンルの技法も用いていた。

ブロード（出汁）を丁寧に取り、シャルキュトリ（パテやテリーヌなど、食肉加工品）など自ら仕込んでいく。どれも手が掛かる工程を踏むため、店に泊まりがけになる。自宅へ帰るのは週に一度。店休日の前日くらいのものだった。

疲労は常にピークだったが、とても充実した日々だった。

閉店後に店で寝るときは、客席の床にマットを敷き、寝袋に入る。必要な部分だけ照明を点けておくので、真っ暗ではない。

キッチンタイマーや携帯などを使って一時間毎に起きるせいか、断続的な睡眠になっていた。そのせいか、よく夢を見た。否。幻覚だったのかもしれない。

始まったのは店を始めてから一年以上が過ぎた、秋口のことだ。

それはこんな感じに始まった。

仮眠の途中、寝袋の中で目を開けると右横に誰かが立っている。

若い女性だ。山勢さんをじっと見下ろしている。知らない人物だ。

二十代前半くらいだろうか。整った顔をしていた。

髪型やメイク、服のコーディネイトは店に来る若い女性客によく見るパターンなので、流行りのものだろう。

短めのスカートから伸びる細い足は、生脚だ。目の焦点を合わせると下着が見えた。

ぼんやりとした頭で女性の顔と下着を交互に眺めた。女性は澄ました顔でこちらを見つめている。何処かクールな感じを受けた。

不意にキッチンタイマーが鳴り、ややあって携帯からアラームが始まった。

起きなくてはと思ったが、目の前の女性は消えない。

それ以前に、自分が既に覚醒していたことを自覚する。だとすれば、この女性は一体なんだ、と慄《おのの》いた瞬間にその姿は消え失せた。

寝袋から飛び起きて周りを見回しても、誰もいない。

夢か幻覚だったのだと、ほっと胸を撫で下ろした。


だが、それからその女性の幻覚が度々姿を現すようになった。

最初こそ恐ろしかった。が、疲れによる幻だろうと思ったときから落ち着いて観察できるようになった。

毎回違う服装だ。春秋夏冬もの、色々なパターンがある。そして偶に髪型が違う。アクセサリーも——下着も替わっていた。色々な色の下着だったし、ときにはタイツやストッキングを穿いていた。

そして、身動きをほぼしなかった。

秋口から松が開ける間に、十回弱は現れている。

(外見は理想のタイプだ)と山勢さんは思っていた。

そこらのアイドルよりも美人で、スタイルもよい。

こんな人と付き合えたらなぁと思う反面、自分の疲れが生み出す幻覚に惚れ始めている事実に、何とも言えない侘しさを感じたのも事実だった。

女性の幻を見始めてから、初めて迎えた二月。

飲食店にとって暇なはずの時期なのに、とても忙しかった。

翌日に入ったコース予約のため、各種仕込みを進めていく。

時計は午前三時を回っていた。仮眠が取れる時間を逆算しているときだった。

カウンターの向こう、客席にあの女性が立っていた。

身体の正面を厨房側へ向け、視線は足下へ落とした状態だ。

考えてみれば、これまで見上げる状態でしか女性の姿を目にしたことがない。だから新鮮に感じた。

女性が立っているのは、いつも寝袋を敷くスペース近くだった。

視線が向かう先は山勢さんが仮眠で寝転がる定位置だろう。だがそこに彼はいない。

女性の表情が突然変化した。明らかな狼狽《ろうばい》の色が浮かんでいた。

(俺を探しているんだ)

間違いかもしれない。しかしそう思えて仕方がなかった。

狼狽えたまま動かない女性に、幻覚だと分かっていても思わず声を掛けてしまった。

女性が顔を上げた。こちらを目に捉えると、柔らかく微笑んだ。

とても魅力的な笑顔だと嬉しくなったが、彼女の笑みはどんどん変化していく。

目は糸のように細くなり、反比例するように口が開いていく。

顔色が真っ赤になったかと思えば、次に赤紫へ変化していった。

細くなった目が、大きく見開かれた。零れそうになる眼球で山勢さんを捉えている。

その瞬間、彼は倒れた。

意識はあった。自分は厨房の床に仰向けで転がっている。認識できている。

水やタイルの冷たさはなかった。感じなかったのかもしれない。そもそも身体が動かない。声も出ない。目だけが自由だった。

頭の近くに、連続で包丁が落ちてきた。まな板に置いていた牛刀とペティナイフだ。

危うく顔面に突き刺さるところだった。

そこで店の照明が落ち暗くなった——のか、自分の意識が飛んだのか分からない。


次に気付いたときは、病院だった。

翌朝、出入りの業者が倒れていた山勢さんを発見、救急車を呼んでくれたのだ。

倒れたのは過労が原因だが、身体の色々なところにその影響が出ている。できるだけ早く入院しろと医者は言った。

退院後、店を再開させたが徐々に客が離れていくことが如実に分かった。

ネットには〈美味しくなくなった〉〈イマイチ〉という散々な評価が並ぶ。

よく考えると、倒れた後からあの幻覚の女性は二度と現れなくなっていった。

その後一年を待たずに閉店。借金を返すため関東の飲食店で働いた。

四十代が終わる前に負債を返し終え、現在中国地方の某所で雇われシェフをやっている。


山勢さんは関東で働いているとき、伴侶となる女性に出会った。

あの幻の女性そっくりだった——のなら落ちが付くのだろうが、そんなことはなく全く別の人間だと彼は笑う。

結婚後も幻の女性は目にしていない。

彼は妻にあの幻覚を目にしていた日々について教えた。

彼女は冗談めかした口調で偶にこんなことを言う。

「何かね、私か貴方がその女の人を見たら、どっちか死んじゃったりしてね」

ジョークだとしてもそんな話は止めてほしいので毎回諫《いさ》めるが、相手は一歩も引かない。

本当に幻の女性を見たら死んでしまう気がするの、と彼女は真剣な表情になってしまう。

その目に本気の怯えが浮かぶのを何度も見た。

彼が中国地方でやっていた店の後には、他の飲食店が入っている。

長い間繁盛しており、評判も上々だ。

——とそこまで調べた後、別件で会った体験者から、この店舗周辺に関する気になる情報を得た。だが、まだ色々聞き終えていない。

だから今回はそこまで書けない。御了承頂きたい。

ただ、山勢さんに調査中の話を伝えると硬い声が帰ってきた。

それが本当なら、僕はもうそこへは行けません——。

肉そば

「凄い美味い蕎麦だったんだけどさぁ。食べられたのもそれっきりで――」

小島さんが奥さんを連れてその店を再訪したとき、全ては後の祭りだった。

かつての活気は何処へ。

看板もなく、アスファルトが割れ、荒れた駐車場には車の一台もなかった。

小島さんは車の運転席からその様子を一瞥し、酷く落胆した。

「だってわざわざ大回りしてそんな山ん中通ったのにさ」

最後に訪れたのがその二年前だ。二年でこうも状況は変わってしまうのだろうか。

そのときの食事と言ったら。

時節柄、町では居酒屋から寿司屋までどの店にも新そばの張り紙があった。なのに、山の中に取り残されたようなその蕎麦屋には、それがなかった。

昼食の時間を過ぎて尚、駐車場には車が多くあった。小島さんが一人その店を訪れるのは二度目で、既に期待が高い。

『ウチは新そばやってないよ』

暖簾を潜るなり、つっけんどんな老人の声がした。しかし小島さんの顔を見るなり、老いた蕎麦職人はにやりとして『随分だな』。

席についてお品書きを開き、小島さんは冷やしなめこ蕎麦にした。

他の客は大方食事を終えていた。小島さんが蕎麦を待つ間にも次々退店してゆき、蕎麦が来る頃にはもう数えるほどだった。

出てきた蕎麦は、なめこと言いつつ茸・山菜が山盛りで付いている。冷たい蕎麦が濃い目のつゆに触れると化学反応のように蕎麦の香りが立ち昇り、甘みが増す。

シャキシャキとした山菜に合わせると、腰の強い蕎麦と相まって格別の歯切れよさ。僅かな渋みと強い香り。

（美味い……）

それ以外に言葉がない。

気が付くと客は小島さん一人で、店主はこちらを眺めて『休めやしねえ。早く食っちまえ』と笑った。

それが最後である。

長期の炎上プロジェクトに組み込まれた小島さんはそれから忙しく、休めなかった。

日頃の昼食は駅そばや会社近くの蕎麦屋。その度に小さな落胆を覚えるようになった。名の知られた蕎麦屋に入っても、あの蕎麦の味を思い出してしまう。あの山の中の商売っ気のない店で食べた一杯の山菜蕎麦に敵わない。

二年して、久しぶりに長めの休暇を取った小島さんは、奥さんを連れてその蕎麦屋を訪れた。ところがそこは冒頭のような有様だったのだ。

当てが外れた小島さんは一度は町へ戻って、食事処を探して軽食を摂ったものの、味が分からない。

奥さんは酷く呆れていたそうである。

「『そんなに美味しかったの？　思い出補正じゃない？』って、馬鹿にしやがって。俺はもう悔しくなっちゃって」

どうしても諦めきれずにまた店のあった場所へ戻ってきてしまった。

既に陽も暮れかかっていた。

昼に見たときはただの廃屋であったのだが、夕方そこに差し掛かると、遠巻きに視界に入ったその廃屋には明かりが灯っているように見えた。

俄然期待が高まる。

あれだけの名店だ。簡単に潰れてしまうはずがない。看板などなくとも客は来るだろう。

昼営業は辞めてしまって、夕方だけは暖簾を掛けているのかもしれない。

しかし喜び勇んで、店の前まで来るとそこはもう真っ暗な、やはり廃屋である。

「ちょっと。明かりなんてないじゃない」

奥さんが止めるのも聞かず、小島さんは荒れ切った駐車場に車を入れる。

やはり潰れてしまったのか？　蕎麦打ちは腰に来る。幾ら名店でも、名店であればこそ長くは続けられないこともあるのかも――。

と、そこで小島さんの思考は止まった。

貼り紙を見つけたのだ。

傾いて外れかかった正面の引き戸に、何やら貼り紙らしきものが貼り付けられている。

店舗移転のお知らせに違いない。

一縷の望み――と小島さんは車を降り、貼り紙に駆け寄った。

四方をテープできっちり固定した貼り紙には、何も書いていなかった。

白紙である。

退色して消えてしまった感じでもない。紙はそれほど古びていないのに、元から何も書かれていないかのようだ。

そのときふと、傾いた引き戸の隙間から店内が見えた。そこをスッと、白い人影が横切った気がしたのだ。

職人の白い作務衣を思い出す。

「親父さん？　いるのかい？　店は辞めちゃったの？」

返事はない。

代わりに、ドン、ドン、と何かを打ち付ける音がした。

蕎麦打ちの音、練った蕎麦生地を、板に打ち付ける音だ——と小島さんは小躍りする。

やはり、蕎麦を作っているのだ。

暫くその音を聞いていると、奥から細く、答える声があった。

「——もうやってねえんだ」

そうか。

でも帰れとは言われていない。

「じゃあ、もう蕎麦はないの？」

「……」

「親父さん、久しぶりに通ったから顔見に寄ったよ。蕎麦だけでも売ってくれよ。買って帰るから」

小島さんはまるで常連のような口ぶりで、半ば強引に引き戸を開いた。

背後から、慌てたような奥さんの声がする。

店内は真っ暗だった。

今開けた引き戸から差し込む弱い光に浮かぶようにして、テーブルがたった一脚。そこに向かい合わせの椅子が二脚。

卓上には、温かく湯気を立てる蕎麦の丼が、二つある。

「何だ親父さん、やっぱりまだやってるじゃないか」

小島さんは相好を崩し、振り返って奥さんを呼んだ。

奥さんはかなり不審がっていたが、小島さんの喜ぶ様子に釣られたものか、遂に車を出て入り口にまで来た。

「——店はもうやってないらしいんだけどさ、親父さんが、ほら」

客の数を捌けなくなって看板を下ろしたとしても製麺所としてやっているか、自分で食べる分だけを作り続けていてもそれほど不思議はない。

意気揚々と小島さんは着席した。

蕎麦は、まるで小島夫妻を待っていたかのようだった。

奥さんは親父さんのほうに小さく何度も会釈をしながら向かいの席に座り、聞こえるか聞こえないかくらいの声で「暗いんだけど」と零す。

廃屋なのだから暗くて当然だと思っていたが、営業こそしていないものの親父さんが蕎麦を打っていた訳だ。言われて見れば確かに暗すぎる。

奥さんは更に声を絞って「あと、臭いんだけど」。

スンスンと鼻を利かせてみると、これも確かに酷い臭いがする。

豚骨……獣の臭いとでも言おうか。

極論、暗いのは構わなかった。しかしこれから蕎麦を喰うのにこの臭いは堪らない。

小島さんはスマホを片手に「親父さん？」と立ち上がった。

記憶を頼りに調理場のほうへ数歩歩き、臭いの元を探ろうとしたのだが——不思議と、段々臭いが分からなくなってくる。

「親父さん？　これ、何の臭い？　あと電気とか点かない？」

小島さんはスマホのＬＥＤライトを点ける。

調理場のほうへ向けた。

そこは、荒れ果てていた。

手鍋や小鍋、食器類が全部床に落ちて散らばっている。荒らされているのか、まるで乱闘でも起きたかのような。

ただ、大きな流しの前だけ、丁度人一人分くらいに空いた部分がある。

そこに、大きな蕎麦切り包丁が打ち付けられていた。

一度見たら忘れようがない。鉈のような形に加え、持ち手の下部まではみ出した大きな刃の、あの包丁である。

親父さんは——流しの上にいた。

流し台の側、かつては大鍋のかけられていた大きなコンロの上——そこに土下座をするような姿勢で、しかし顔だけはこちらを向いている。

その目。

憤怒、諦念、怨嗟——どれでもない。小島さんが、これまで見たことのない種類の眼光に、慄く。

なのに狂暴な音だけは、何処からか、ドン、ドンと響いており——。

小島さんは我に返りつつあった。

ここに至って、臭いはかなり弱い。すると臭いは、あの卓の周辺が最も強かったことになる。

思わず首だけで振り返ると、闇に浮かんだ客席のところに、融けるように奥さんの輪郭だけが見えていた。

その景色に、小島さんは言いようのない不安を覚える。まるで別の誰かの不安に感染したような……。

「で、出よう」

慌てて小島さんは奥さんに走り寄り、その腕を掴む。奥さんは「ちょっと何なの」と、椅子に敷いたハンカチを取る。

そのとき、手にしたスマホのライトが、客席の上を照らし上げる。

二つの丼には、生肉が放り込まれていた。

スーパーで売っている豚こまに似た、小間切れの薄い肉であった。

赤々と血の滴るようなその肉はどう見ても生のままなのに、ほんのりと微かに立ち上るのは、紛れもなく湯気だ。

体温を思わせる湯気。まるで今、生体から切り離したばかりのように。

返す返すも残念、と小島さんはその出来事を振り返る。

「怖いというか、残念だ。あれじゃきっと、親父さんも無念に違いない」

幸い、奥さんのほうは妙なものには気付かなかったらしい。

地元の人のレポートによれば、前年の早い時期には閉店していた。小島さんの調べでは、廃業の理由やそれに至る経緯については何も分からない。

逆に分かったことは——開業時にごたごたがあったことだけ。元々あの店は町で営業していた。何やらひと悶着あってあの場所に移転しており、移転後の営業期間は短かった。

小島さんは、ごたごたの中身には関心がない。

「肉そばもあったんだよ——」

香り高い蕎麦に絡む、微かに野趣の染み出た醤油スープ。

「——食べてみたかったなぁ」

評判の店

有名ラーメン店で修業を積んだ加納さんは、念願であった自分の店を持つことができた。

しかも、オープンして間もないにも拘らず、あっという間に行列ができるほどになったのである。

味は勿論のこと、駅から近いといった好立地に加えて、持ち前の腰の低さが好評を得ていたのであろう。

しかし、それからそう時を置かずした、とある真夜中のこと。

隣のビルから火災が発生し、彼の店も延焼の被害に遭ってしまったのだ。

店内にはそれほど被害が及ばなかったが、入居しているビル自体は損傷が激しく、いつ店を再開できるかどうか先が見えない状況になってしまった。

営業が不可能なため、管理会社から家賃の減額又は違約金の発生しない契約解除、のどちらかを提案された。

加納さんは契約解除を選んで、すぐに移転先を探し始めた。

ところが、なかなかいい物件が見つからない。

そんなとき、知人の紹介で条件にぴったり合う場所が見つかった。

「ええ、今までの場所と目と鼻の先だったんですよ。あんなに近くにあるなんて……」

そこは数年前まで中華料理店を営んでいたとのことであったが、いつ頃からか売り上げが芳しくなくなってしまい、オーナーは夜逃げ同然で消えてしまっていた。

そのせいかどうか理由は不明ではあるが、相場の半額以下の賃料で、との嬉しい提案を管理会社から受けたのである。

勿論夜逃げといった負のイメージを払拭したかったのかもしれないし、物件の構造上、借り主が限定されてしまうせいなのかもしれない。

理由はともかく、加納さんの決断は早かった。

場所は以前とさほど変わらないが、少々奥まったところにあり、やや見つけ難い。しかし、味には自信があったし、今までのお客さんも絶対に来てくれるとの確信もあった。

そう考えると、迷う必要はなかった。

即座に契約し、すぐに開店の準備をし始めたのである。

オープン初日、まだまだ宣伝が行き届いていないことが危惧されたが、土曜日だったこともあってか店の前には開店時間前から長蛇の列ができていた。

加納さんはお客さん全員に感謝の念を抱きながら、気合いを入れて一杯一杯提供し続ける。

そして無事閉店時間を迎えた頃には、余りにも良好すぎる幸先に、加納さんを含めたスタッフ全員が喜んでいた。

しかし、翌日を迎えたとき、若干の違和感を感じることとなる。

昨日に比べて、お客さんの入りが明らかに悪い。

更に、スープを残すのは致し方ないが、麺や具まで食べ残されている割合が多いような気がしてならないのだ。

だが、相変わらず沢山のお客さんが来店していたし、単なる気のせいに違いない、と高を括っていたことも確かである。

しかしながら、その違和感は正しかった。

一カ月程度経過した頃。

オープン初日から数日までの混雑ぶりがまるで嘘のように、今ではぽつりぽつりとしかお客さんが来なくなっていた。

おかしなことに、その中には頻繁に来店していた見知った常連の姿は一人も見当たらない。

しかも、完食する人が殆どいないのである。中には、スープを一口啜《すす》っただけで、顔を顰めて毒づきながら退店する客も見受けられた。

オープン当初から味に対するクレームはそこそこ入っていた。だが、大勢のお客さんが来店する以上、一定のクレームは必ずあるし、味の好みが合わない客も必ず存在する。

しかし……。

「流石に、これはおかしいな、と」

調理器具類は前の店から持ち込んだし、材料や分量、更には食器に至ってまで何一つとして変えていない。

水も同じだし、ガスの火力も変わらない。

何度も味見をしてみるが、味に変化はない。

今まで通り、提供されるまかないもスタッフ達に好評である。

にも拘らず、一向に客足は伸びない。

今日より明日、明日より明後日。

毎日のように、あからさまに客の数が減っていく。

そして、とうとう客が一人も来店しない、などという日も見られるようになってしまった。

もう、あのような忙しい日々はやってこないのかもしれない。

想像しただけで、胃の辺りにキリキリとした厭な痛みが広がっていく。

それでも自分の味を信じて店を開き続けるが、赤字の日々が続いてしまう。

五人いたアルバイトのスタッフも減らさざるを得なくなり、断腸の思いでベテラン一人以外は辞めてもらうほかなかった。

そんなとき、この店が巷でこう呼ばれていることを、辞めたアルバイトから教えられた。

「……どろラーメン。そう呼ばれているみたいなんですよね。泥の味がする、って」

そのような不名誉な評価が、知らないうちに為されていたのである。自分の信じる味と店に対して。

余りの悔しさに、彼は思わず涙を流して打ち震えた。

勿論、心当たりなどあるはずがない。あるはずがないが、一体何をどうすれば、お客さんは戻ってきてくれるのか。

色々と考えてはみるが、解決策のないまま時は過ぎ去り、一日に数人程度しか客が訪れなくなった頃。

加納さんの精神状態が危なくなってしまい、店自体も臨時休業する日が多くなっていた。

ベテランのアルバイトにも少し前に暇を出してしまい、前の店で蓄えていた貯金も尽きようとしていた。

そんなある日、仕事場に忘れものをしたので真夜中に取りにいくと、店内の空気がやけに生臭い。

〈ひょっとして、動物でも死んでいるのか〉

恐る恐る調理場の電灯を点けた瞬間、予想もしていなかった光景が目に入ってきた。

ほんの束の間、呼吸困難になってしまい、心臓の動きが一瞬だけ停止したかのように感じる。

〈何だい、ありゃあ〉

灰色っぽい色をした、人間の子供くらいの背丈をした何かが四体、素早い動きで調理場を徘徊していたのだ。

〝うっ〟と意図せず口にしたそのとき、自分の存在に気が付いたのであろうか。奴らが一斉にこちらに顔を向けた。

全身は土塊で拵えたかのように表面が凸凹で、まるで泥人形を思わせる。

顔面には円らな目らしきものと口しか付いておらず、その腫れぼったい下唇は少々突き出ていて、伏し目がちな眼と相まって、何故かへら鮒を思い浮かべさせた。

〈あれれっ、オレ、釣りなんかやらないのに〉

どうしてへら鮒なんて名前を思い浮かべたのであろうと不思議がっているうちに、奴らの姿はまるで空気に溶け込むようにその場から消えてなくなってしまった。

調理場に漂う、強烈な生臭さだけを残して。


疲れていたし夜もあまり眠れていなかったため、もしかしたら目の錯覚かもしれない。

だが、何やら常識では計り知れない何かが起きているような気がしてならない。

そう考えるに至って、色々な伝手《つて》を頼ってお祓いやら何やら受けてみたが、残念ながら効果は全く現れなかった。

「そろそろ潮時かな、なんて」

閉店の二文字が脳裏を過って途方に暮れていると、醤油ラーメンを注文したばかりの本日二人目のお客さんが妙なことを口にした。

恐らく初見の方で、まるで法事にでも行ってきたかのように全身黒ずくめの、四十〜五十代の女性の客であった。

「お兄さんねェ、ここはやめたほうがいいよ。お兄さんへの恨みが物凄いからねェ、早く場所を変えたほうがいいよ」

「えっ、お客さん。どういうことですか？」

驚いてカウンター越しにそう訊ねると、彼女は店内を軽く見渡しながらこう言った。

「お兄さんには視えないだろうけど。人間の子供くらいの大きさのね、泥人形みたいなもんがさっきから店内をうろうろしているんだよ。そいつらがね、さっきまでいた爺さんが食べようとしていたラーメンにね、顔を近付けていたのよ。そうしたら、顔から落ちてきた粉みたいのが丼の中に一杯入っちゃってね」

確かに、先ほどラーメンを頼んだ高齢のお客さんは、スープを一口吸った途端、顔色を変えて出ていってしまった。

もはや見慣れた光景だったので、別段気にならなくなっていただけである。

頭の中が混乱しており、どう言葉にしたらいいのかよく分からない。

とりあえず注文の品が完成したので、カウンター越しに丼を彼女の目の前にそっと置いた、そのとき。

「ほらっ！　沢山やってきたわよ。ああああ、粉みたいなものが沢山入ってる。いやだわァ、こんなの」

半口をだらしなく開いて呆然としている加納さんに向かって、彼女は言った。

「こんなの、食べられる訳ないじゃないの」

その言葉を聞くなり加納さんはすぐに丼をカウンターの上へと戻した。そしてレンゲでスープを口にした途端、思わず吐き出した。

今現在、加納さんは場所を変えて営業している。

失った信頼を取り戻すのは大変だったが、オープン記念としてラーメンを無料で提供する日を数日続けた結果、味が元通りになったことを漸く周知できたようである。

以前いたスタッフ全員に戻ってもらって、毎日のように彼の味を求めてやってくる沢山のお客さんを満足させている。

「結果的に、やはりあの場所に何かあったとしか……」

ひょっとして、前に入居していた中華料理屋の店主も、同じ理由で逃げ出したのであろうか。

だが、あのお客さんによると、加納さんに対する恨みが原因とのことだった。

考えれば考えるほど混乱してしまうので、早く忘れ去りたい、と彼は考えている。

尚、例の物件を教えてくれた知人のアパートはもぬけの空で、連絡が取れない日々が今でも続いているという。

関係

静香さんは三十八歳の主婦である。そんな彼女は過去に二回、結婚に失敗している。

一度目は十九のとき。相手のDVと経済ハラスメントで離婚した。

二度目は二十三のときで、そのときもDVだったが、殺されかけるレベルだったという。

この二人の男によるDVの傷痕が、彼女の身体に今も複数刻まれている。中でも、服で見えない場所にはとても人に見せられないほどの酷い痕が深く残っていた。

三度目の結婚は三十三のときで、子供を授かったことからの決断だった。

前と違う幸せな結婚だったが、その後流産してしまい、夫婦揃って泣いた。


実は、と静香さんは言う。

子供の頃、祖母に連れられ訊ねた先の小母さんに「アンタ、竜って字が入った男と関わったらいけんよ」と言われていた。

一度目の夫は〈竜一〉。二度目の夫は〈竜也〉だ。

何故忠告を無視したかと言えば、どうせ迷信だと小馬鹿にしていたからに過ぎない。

ところが、竜の文字を持つ男達から酷い目に遭わされた。

小母さんが占い師のようなものだったのか知らない。訊ねようにも祖母は鬼籍に入り、問題の小母さんの家も分からないので、確認のしようもない。


三度目の結婚相手は、竜が入らない名前だ。

毎日休まずきちんと働き、酒も煙草もギャンブルもしない良き夫である。

彼女の身体に残った傷も黙って飲み込んでくれる度量の広さもあった。

現在、静香さんのお腹には再び新しい命が芽吹いている。

先日、遂にその子が男児だと判明した。

喜んだ夫が決めた名前は〈竜央《たつお》〉。字画が最高であるらしい。

他の名前か文字に変えられないか訴えているが、何故か夫は頑なに拒否を続ける。

彼女は正直に子供の頃のことを包み隠さず教えた。それが招いたかもしれない不幸についても。

が、夫は「自分がお腹を痛めて産む子なのだから、大丈夫だ」と笑うばかりだった。

出産は二〇二四年の初頭の予定である。

美菜さんがまだ幼い頃、彼女の実の母親は病死してしまった。

そして数年後に、彼女の父親は入り婿として現在の母親と再婚した。

入り婿と言っても、再婚先の実家で一緒に生活する訳ではなく、生活拠点を変えることなく苗字のみ変わる、といったことであった。

「詳しくは分からないんですけど、母方からの強い要望だったみたいで。あ、そうそう。私、実の母親のことはあまり覚えていないんで、抵抗とかは一切なかったですね」

新しい母親も美菜さんには実の娘のように接してくれたし、弟ができてからも何の蟠《わだかま》りもなく平等に扱ってくれていた。

「こういった場合は色々と問題が生じるらしいですけど。うん、ウチの場合はホントすんなりって感じ」

ただ、彼女が十六歳を過ぎた辺りから、身体に問題が生じてきた。

「そう、すっごく怪我するようになっちゃったの。しかも……」

一体どういった訳か、左腕のみ。

何らかの理由で注意力が散漫になり左腕だけ何処かにぶつけるとか、その部分が体質的に弱くて病気がちであるとか、そういった類の話では決してない。

とにかく、左腕にのみ災いが降り掛かる、そのようなイメージである。

道を歩いていると後ろからやってきた自転車が左腕に直撃したり、学校のグラウンドから飛んできた硬球が左腕に直撃してきたり、枚挙に暇がない。

「ホント。何度も続いちゃって、怖くて怖くて……」

ひょっとしたら何か悪いことでも起きているのであろうか。不安で仕方がなく誰かに相談したかったが、彼女は誰にも言わずに黙っていることを選択した。

「だって、どう考えても左腕だけ怪我するって、おかしいじゃないですか。たとえ相談しても、偶々じゃないかって言われそうで」

親や学校は勿論、親友達にも、怪我していること自体隠すようになってしまった。

「ウチの一家って、夏と冬の休みになると……」

ほぼ必ずと言っていいほど、母方の田舎に帰省することにしている。

皆良い人達で、連れ子の美菜さんに対しても、分け隔てなく接してくれていた。

「特に、お祖父ちゃんがすっごく優しくて。弟が嫉妬するほど、私を可愛がってくれるんだけど……」

いつものように帰省したその夜も、母方の祖父母から温かい歓迎を受けた。

ただし、普段とは違う点が一つだけあった。

それは、祖父がお酒を飲んでいるらしく、赤ら顔だったことである。

「ええ。初めて見ました。今まで祖父だけお酒を飲んでいるのを見たことがなかったので、意外だったんですけど……」

意外だったのはそれだけではない。

祖父が目の前にあるお猪口に入った酒を飲む度に、彼の身体から何かが勢いよく飛び出していくのであった。

「最初は見間違いかなあ、なんて思ってたんですけど」

酒を口に含むと、両耳の辺りから蠅くらいの大きさの、黒くて小さな羽虫みたいな物体が数匹飛び出していく。

何匹も何匹も、アルコールが彼の体内に入る度に、薄気味悪い蟲《むし》が体外へと放たれる。

初めのうちは一体何事かと、祖父の両耳から飛翔する物体を凝視していたが、おかしなことに自分以外に誰も気が付いていないようであった。

そうこうしているうちに酒量が増えてきたのか、祖父の眼がとろんとしてきた。

祖父に促されて傍まで近寄ってきた美菜さんに、彼は呂律《ろれつ》の回らない口調でこう言った。

「なあ、ミナ。おめの左腕の具合はどうだべ？」

その瞬間、言われている意味が分からずに、彼女の両親と弟は呆けたように作り笑いを浮かべている。それに反するように、祖母だけが苦虫を嚙み潰したかのような、不可思議な表情をしていた。

「……お祖父ちゃん、どうして知ってるの？」

誰にも内緒にしていたのに、どうして。何処となく怖くなってしまい、思わず祖父にそう訊ねてしまった。

「あ、あああああ。あああああ。べ、別に、何となく、だよ。何となく。ああ、酔っ払ってしまったなァ」

そう言いながら、祖父は祖母に連れられて寝室へと向かっていった。

「まあ、ここまでだったら単なる偶然で終わらせられるかな、なんて思ってたんだけど」

どうやら、そうも言っていられなくなったようである。

翌日の朝早く、以前貰ったお土産のお礼を言いに祖父母の部屋を訪れると、あいにく二人は不在であった。

恐らく早朝から畑でも見に行ったのだろうと思って部屋を去ろうとしたとき、ベッドの枕元にある紙片が目に入った。

一見普通のコピー用紙に思えたが、その内容が問題であった。何故なら、そこには病院のカルテにある人体図のように、両手両足を開いて正面から見た人体の絵が描かれていたのである。

不審に思ってよく見てみると、顔の部分には「美菜」と名前が書いてあり、その下には自分の生年月日が記載されている。

そして、左腕の部分には筆か何かで書いたと思われる真っ赤な×印らしきものが、何重にも亘って書き加えられていたのである。

それを見た瞬間、美奈さんは底知れぬ恐怖と身の危険を感じ取ったのか、身体の震えを感じながらその場からすぐに立ち去ろうとした。

ところが、部屋を出ようとしたそのとき、室内の空気が一気に重くなった。

慌てて室内を見渡すと、クリーム色をした天井の壁紙の一部がどす黒く変色していることに気が付いた。

不安ながらも天井を凝視していると、その部分から何やら黒い物体が滴り落ちてくる。

咄嗟に雨漏りかと思ったが、その考えが間違っていることをすぐに思い知らされた。

落ちてくる黒い物体は、そのまま床に落ちることなく、自分に向かって飛んできたのだ。

一瞬の戸惑いからか身体が固まっていたが、我に返るとすぐに部屋から飛び出した。

「だって、あの黒いのは……」

何処からどう見ても、祖父の身体から飛び立っていった、あの蟲らしき物体と同じものにしか見えなかったのである。


それ以来、何かしらの理由を付けて、母方の田舎には極力行かないようにしていた。

大学受験が近付いていたことも、断る理由としては都合が良かった。

相変わらず左腕を怪我してばかりではあったが、あの場所にもう一度足を運んでしまうこと自体、考えただけでも恐ろしい。

しかし、ある日の塾の帰り道。

歩道を一人で歩いていたとき、猛スピードで走ってきた乗用車が彼女の身体を跳ね飛ばした。

乾いたアスファルトに全身を強く打ち付けたが、怪我をしたのが左腕だけだったことは不幸中の幸いであった。

左腕の複雑骨折で数日間入院することとなった。

そして数カ月を経た頃。医者が言うには完治はしたものの、痛みはほぼ毎日のようにぶり返しており、更には腕の動きに障害が残ってしまったのである。

それから約二年後の冬、祖父は自宅の風呂場で亡くなっているところを祖母に発見された。

その前日まで続いていた左腕の痛みは、祖父の死後、不思議なことに綺麗さっぱりなくなってしまった。

「でも、最近なんですけど……」

首から上の具合がすこぶる悪い、という。

今までの左腕同様に、頭部や顔面に向かって災いが集中し始めたような気がしてならない。

「考えると色々と面倒なんで、今も必死に堪えています」

そう言いながら、彼女はぎこちなく微笑んだ。

サタメ

これから記すのは樺山さんから聞いた話である。

各方面へ迷惑が掛からないよう、一部カットしてある。

内容に不備が出てくるかもしれないが、そこは御承知頂きたい。


樺山さんがまだ前の職場にいた頃だ。

二十四歳だったから、二〇一六年の冬である。

社の用事で銀行に出かけると、後ろから声を掛けられた。

中高時の同級生、小久保だった。

学生時代の面影が多分に残っている。整った容姿と高い身長は今も変わらない。

これで勉学もスポーツもできるのだから、モテないはずはなく、いつも異性の友人に囲まれていた。ただし、特定の相手を作らないのが小久保のポリシーのようだった。

樺山さんと小久保は中高の頃仲が良かったが、それぞれ別の大学へ進んだ。

大学生になって一、二年目はそれなりに顔を合わせる機会もあった。しかし、いつしか疎遠になっていったのである。

就職してからは完全に連絡を取らなくなっていた。仕事に忙殺されていたからだ。

小久保からもコンタクトがなかったため、縁が遠のいていた。

無沙汰を詫びていると、小久保から携帯は変わってないかと訊ねられる。前と同じだと答えれば、近々連絡すると彼は笑った。変わらない笑顔だった。

再会したその日のうちに、小久保からショートメールが入った。

面倒臭いから電話に切り替えて色々話す。

現在の彼は家業を継いでいるらしい。

家業。小久保の家が地域に根ざした小さな会社を営んでいたことを思い出す。

規模の割に利益を出しているのだろう、大きな邸宅と高級車を数台所有していた。要するに、地元の名家、金持ちだった。

週末、休みの前日に酒を飲もうと約束を交わした。


小久保と酒を飲んだ日から、彼とよく会うようになった。

と言ってもそれぞれの仕事が忙しいから、毎週顔を合わせるようなことはない。

タイミングが良ければ、サッカーや映画を観に行ったり、一緒に身体を動かしたり、少し遠出をして美味いものを食べたりした。

何だか男女のデートのようだなと小久保が冗談めかしていう。それに対し樺山さんは、彼女はいないのかと返した。彼女はいないが、それなりに遊ぶ奴はいるよと軽口を叩かれた。

小久保のモテ力は今も健在なようだ。

それなのに俺と遊んでいていいのかと再度訊くが、小久保は「平日夜とかに構うからいいんだ。それに馬の合うお前と遊んでたほうが何万倍も楽しいから」と答えた。

少々面映《おもは》ゆかったことを覚えている。


二〇一七年に入ると、小久保は少し忙しくなったようで会う回数が減った。

翌年、二〇一八年に小久保の父親が身を引き、彼が社長に就いたことを知る。

同じときに小久保の母親が既に鬼籍に入っていると聞いた。初耳だった。

当の小久保は「社長と言ってもお飾りに過ぎない」というが、重責のストレスからか痩せ細り始めていた。元より痩せ形だったので、かなり危険な状態に見える。

健康だけは気を付けろと身を案じたが、小久保は「大丈夫だ」と答えるだけだ。

顔を合わせる回数は減る一方だった。

二〇一九年の暮れだった。

仕事納めの日、小久保の誘いで中高の友人達が数名集まった。

小規模の同窓会と忘年会を兼ねての食事会である。

地元の和食店で楽しいひとときを過ごした後、小久保の具合が悪くなり二次会は流れた。

小久保の自宅を知る樺山さんが送っていくことに決まった。

タクシーで着いた小久保宅は前と変わらぬ大邸宅だ。

移動中に回復した小久保が寄っていけと誘う。明日から休みだからと提案に乗った。


久しぶりに入った小久保邸はきちんと手入れがされていた。

広々とした玄関も洋風客間も整えられている。ただ人の気配が殆どなかった。

普段は業者にハウスクリーニングや家事を頼んでいるらしい。

父親は既に海外へ転居していた。リタイアして自由になったら、暖かいハワイで暮らすと前々から断言していたのだ。

誰もいない大邸宅は、異様なほど静かだった。暖房もあまり効かない気がする。

客間でワインのグラスを交わし合っていると、次第に小久保の愚痴が始まった。中には地元の各企業の暗部に踏み込む部分もある。普段守秘義務に煩い彼らしくない言動だ。

そもそも、こんなに酒に飲まれる彼の姿は初めてである。

荒れた酒になるなぁ、と少し身構えているときだった。

やおら小久保が立ち上がる。

千鳥足で揺れるように客間を歩き回ると、フラッと部屋の外へ出ていった。

倒れでもしたら大事だと後を追うと、既に姿は見えなくなっている。

余りにおかしい。部屋から出たすぐ後だ。見失うはずはない。

近くの部屋へ入ったのか。それとも金持ちの家だから抜け穴でもあるのか。そんな馬鹿げた妄想をしていると、急激な冷えが足下から這い上ってくる。小久保が帰ってくるのを待ったほうが得策だと、客間へ戻った。

ソファに座ってぼんやりしていると、ややあってドアの外から人の気配がした。

戻ってきたかと顔を向けるが、ノブが回らない。いつしか気配は消えていた。

かと思えば、また別の気配が始まる。鼻歌を歌っていた。男のものだ。機嫌を直した小久保だと思ったが、入ってこない。

鼻歌が消えてから、少しの間を開けて小久保が入ってきた。

今し方あったことを教えようとしたが、彼の手に握られた物が気になって言葉が止まる。

その手には、人形の頭が掴まれていた。

日本人形に似たもので、長い黒髪が植え付けてある。

ほら、と小久保がその手を突き出した。

前腕程度の長さを持った木の棒の先に、人間の拳よりやや大きい頭が付いている。

江戸時代のお姫様のような外見だ。

文楽の〈かしら〉——漢字で書くと首というものだろうか。

首が付いた木の棒の一部を何やら動かすと、パッと笑ったような顔に変わる。

仕掛けに驚いた。が、小久保は仏頂面を浮かべている。

樺山さんの右横に座り、人形の頭をくるくる回してみせる。

よく見ると、造りが粗い。額や頬、口元に細い傷や赤茶けた汚れがあった。

「これ、親父のだったんだ」

今は、自分のものに〈された〉のだと彼は吐き捨てる。

言い様に不自然さがあった。どうして〈された〉のだと訊ねた。小久保は、酔った顔のまま、愚痴を続けて良いか確認を入れてくる。頷くしかない。

「樺山、信頼しているお前だから愚痴るんだぞ」

小久保の吐露が始まった。

小久保家は幕末期より少し前に頭角を現した商家であった。

それまでは小さな商いをする程度の家でしかなかった。

小久保の家には娘三人しかおらず、一番上の姉に婿が入った。上方から来た男であった。

この男の商いの腕、今風に言えば経営手腕は高かったようだ。

よく始末（ものを大切にし、節約・倹約すること）し、目端が利く。

小久保家は次第に大きくなっていった。ところが跡継ぎが産まれない。

娘達の父親である小久保の当主が気を揉んでいると、長女が流行病で亡くなった。

そこで婿には次女を後添いに迎えさせた。

それでも子は生まれない。次女は不幸にも材木に潰され、若くしてこの世から旅立った。

三女が十五歳を迎えた後、件の婿と婚姻を結ばせる。

男の子が生まれた。が、三女は産後の肥立ちが悪く、命を落とした。

残された男の子は大事に育てられ、小久保家の跡継ぎとなった。


だが、三人の娘を失ってから、父親と婿の様子が変わった。

父親は酒をよく飲むようになった。そのせいか暴力や暴言でしばしば問題を起こす。

元々人格者であったはずなのだが、真逆の人間と成り果てたのだ。

婿は家業を疎《おろそ》かにし、外に出かけることが増えた。

その頃は有能な番頭格が仕切っていたため、商いは回り続けていた。

父親と婿が豹変してから数年後、父親は不摂生が祟り、死去。

葬儀を終えてから、婿は小久保家に工房を設けた。

工房で婿は文楽で使うような人形を作る。とは言っても技術が低く、形ばかりを真似たようなものだ。仕掛けを入れたものもあったらしいが、ただそれだけだった。

首、或いは人形は作られる端から壊され、燃やされる。

婿が商いに手を出すことはなくなった。遂に一日の大半を工房へ籠もるようになったのだ。相反するように小久保の家業は拡大の一途をたどった。

遂に婿も身罷《みまか》った。病だったのか何だったのかすら分からない。

婿がいなくなった工房には、三体の人形が残された。

構造は文楽人形と同じ、胴体に首を付け、手足は紐で繋いだ造りだった。

ただ、大きさは五尺より小さい。これは当時の成人女性の背丈くらいである。

要するに、人間大の文楽人形だった。

死ぬ間際、婿は言い残した。

〈亡くなった我が妻三人が、自分と外舅《がいきゅう》を責め苛《さいな》んだ。三女が死んでからだ。

この世へ返せ、返して元通りにしておくれ、と。

娘達は自分と外舅以外は見えず、感じず、ということらしく、他者には現れない。

外舅は酒に逃げた。だからあのようなことになった。

自分だけが妻達の願いを聞き遂げられるのだから、外にいる職人に教えを請うて、三人の身体を作った。長い時間が掛かってしまった。

これより先、小久保の家を継ぐ者はこの人形を尊び、世話をするように。

そうすれば、恒久の栄は約束されるはずだ。

ただし、それには条件がある。

跡継ぎは　この土地より出てはならぬ。
跡継ぎは　女犯してはならぬ。
跡継ぎは　婚姻してはならぬ。
跡継ぎは　子を成す相手を一人決め、種を残せ。このときだけ赦す。
跡継ぎは　子を成したら、後は家のために尽くせ。

これを破らぬように。書面にして残す〉

「マジか」

そのとき出せた言葉はこれくらいだったと、樺山さんは言う（小久保から聞いた内容は大体このようなものだったが、細部は違う可能性があると彼は言い添えている）。

対する小久保の返答は「本当だ」だった。

まるで戒律だ。俄に信じられなかったが、疑問があった。もしこの言いつけが真実なら、小久保は既に破っている。学生時代に女性とそういうことをしていたのだから。

跡継ぎの条件を繰り返しつつ質問をぶつけると小久保はシンプルに答えた。

「僕は元々跡継ぎではなかったから」

小久保の上には五歳上のお兄さんがいた。

家を継がせる準備を進めている最中の二〇一七年初頭、お兄さんは事故を起こし亡くなってしまった。跡継ぎに課せされる戒律のプレッシャーで少しおかしくなっていたから、自死に近い、とは小久保の弁である。中学に入った頃、要するにお兄さんが第二次成長期を迎える頃には、父親からの抑圧が始まっていた。「お前は女性とそういうことをしてはならない。何故ならば」という具合だ。その中には、小久保の家の繁栄が止まったとしたらお前のせいだぞという脅しも多分に含まれていた。

弟である小久保はお兄さんがそんなことで悩んでいると知らなかった。

その葬儀のとき、父親から「アイツは跡継ぎとして心が弱かったから」と聞かされ、初めてお兄さんがどのような立場に追い込まれていたか知ったのだ。

父親はすぐ小久保を後継者に指名し直して、跡継ぎの教育を始めた。

その際、概略だけ知っていた件の話の詳細を伝えられたのである。


樺山さんは当然の疑問を抱いた。

戒律に対し、小久保の父親は言いつけを破っていることになる。

息子を二人も儲けているのだから。

小久保の説明によれば「それだから、母は苦しんで早くに死に、兄も狂ったのだと思う。ハワイへ逃げた父親も現在行動がおかしくなっている」らしい。

「僕は小久保を継いだから、今はまだまともに生きているのだろう。でも家業的には問題を沢山孕《はら》んでいると思う」

小久保は自嘲する。

彼の家業は現状、異常ともいえる急成長を始めていた。「ほんの少しの綻びがあれば、バランスを崩して瓦解するような状態」だと言う。

約束を破ったことによる皺寄せが始まる前なのではないかと、彼は予想していた。

しかし、と樺山さんは考える。

話しぶりからして、小久保は全てを信じ込んでいる。この時代、そんな仕来《しきた》りやオカルトめいた約束などの効力を肯定するのは、現代人としておかしすぎる。

素直に問うてみたが、小久保は「お前には言えないこともあったんだよ」と苦笑を浮かべた。冗談を言っている表情ではない。

跡を継いでから、敗戦処理と同じようなことをやっていると小久保は漏らした。

社長業に就いて以降、女性とはそういうことをしていない。

地元から出ることも仕事上必要になるが、重役や部下に任せるようになった。

因みに地元とは何処から何処までかも教えられる。現在の地図の区切りではなかった。例えば○○市と□□市の境ではなく、その双方を跨《また》ぐ部分がある。昔日の土地区分がベースになっている、とは小久保の説明だ。

「どうして僕がこんな目に遭うんだ。兄貴でよかったはずなのに。親父も逃げるし」

愚痴を零す彼は、本当に嫌気が差している様子だった。

信じるか、信じないか。否。俄に信じられない、が樺山さんの本心だ。

馬鹿にする訳ではないが、信じろというのは無謀だ。
正直にそう伝えると、小久保は立ち上がった。
証拠を見せると言って、腕を引っ張る。
邸宅内を進み、案内された先は二階の一部屋だ。
ドアを開けるとまず独特の臭いが漂ってくる。
薄い生臭さがあるが、具体的に例えられない。
電灯が点けられる。現代的で殺風景な部屋だった。
床は板張りだ。窓際に小さくモダンな木製机が設えられている。
机の上には漆塗りらしき黒く艶のある小箱が置かれていた。
小久保が蓋を取って中身を見せてくれる。中に白い繭《まゆ》のようなものが三つ入っていた。
それぞれに黒で顔らしきものが描いてあった。どれも起き上がりこぼしを思わせる。
蚕の繭を加工した物で、一年に一度作り替えるらしい。
この部屋から隣室へ繋がる部分は、豪奢《ごうしゃ》な襖が四枚ほど填《は》め込んである。
歪な増築か改築をしたような雰囲気が漂っていた。
襖が開けられた。先に入った小久保が電灯を灯した。
予想はしていたが、息を呑んだ。

視線の先、和室の壁際に三体の文楽人形が立っている。

ただし、大きさは小学生高学年か、小柄な成人女性くらいあった。

足下に木製の台が覗いている。たぶん支柱が立てられており、釣り下げられているのだろう。

電灯による陰影のせいか、三体とも笑みを浮かべているように見える。

それが樺山さんには狂う一歩手前のような凄惨なものに感じられた。

長く艶のある黒髪は整えられ、簪《かんざし》らしき物も付けられている。

着物は三体とも赤だが、それぞれ柄のデザインが違っていた。共通しているのは、良家の娘が身に着けるもののような雰囲気が漂っていることか。

改めて周囲に注意を払えば、ちょっとした宴会場くらいの広さがあった。

足下は畳敷きで、真新しい藺草の香りが漂っている。そこへ年配の女性の使う化粧品や、スポーツ系の部室のような臭いが薄らと加わっていた。

更に気になるのは窓が一切ないことだろうか。

出入り口の襖部分以外は白い壁になっていた。その割に空気の澱みを感じない。換気が行き届いているのか、それとも別に理由があるのか分からない。

圧倒されていると、小久保が真ん中の人形の頭を乱暴に掴む。手足が揺れた。

これが証拠だ、と彼は言った。

よく見ると人形の足下、畳の上に幾つか文楽人形の首が転がっていることに気付く。どれも無造作に放置されている。

「これで信じるか？」

信じると答えた。この部屋から遠ざかりたいと思った。

小久保と客間へ戻ると、彼は新しいワインを持ってきた。高級品だった。

雑に飲みながら、小久保はぽつりぽつりとこんなことを口にする。

跡継ぎの条件は、あれだけじゃない。

若くして亡くなった三人の娘を慰めるため、代わる代わる同衾《どうきん》しなければならない。

同衾と言っても、ただ一緒に寝るだけではない。だからあの人形三つには、小久保の男達の……が染みついているのだと彼は嗤った。

気が付くと、客間の低いテーブルに古びた和紙が乗せられている。

達筆すぎて読めない墨文字と、図形が描かれていた。細い楕円形だった。

兄貴が死んで親父が逃げてから、僕は人形としているんだと小久保は泣いた。

慰めるうち、彼は静かになっていく。

客間の外に、また人の気配が漂った。

明らかに、三人分あった。何故か、小柄な女性だと伝わってきた。

小久保に伝えると、彼は怒声を上げた。あっちへ行け、今日はしねぇぞ！　と。

気配が消えた。

ほっとしたのも束の間、樺山さんは我に返る。

それでも小久保を置いて帰る訳にはいかない気がした。

朝まで小久保と語り合った。信じなければ何もないのだ、阿呆らしい仕来りなんか棄ててしまえ。お前は自由だと洗脳を解くように、じっくり言葉を交わし合った。

時折気配が戻ってくるが、その度に小久保が叫んだ。叫ぶと気配は消えた。

夜が明けた。気配はもうしなかった。

邸宅を出る。小久保の車でファミレスへ入り、モーニングを食べた。

彼から聞いてくれてありがとうとお礼を言われて、そして家まで送ってもらった。


その後、小久保と再びよく会うようになった。

忙しいはずなのに、やたらと時間を作る。

あの邸宅へ戻りたくないのが有り有りと伝わってきた。

時折出てくる話では、同衾を始めとした〈跡取りの仕来り・条件〉を避けるようになったということだった。

小久保の誘い、時には朝まで付き合う。彼が心配だったからだ。

が、あの大邸宅まで送ることは二度としなかった。


その後、疫病の影響が世界に広がっていった。

小久保の会社はその煽りであっという間に業績が悪化していく。

また関係会社にボヤ騒ぎが起きたことに加え、一部の工場で事故も起きていた。

経営の立て直しをしていると、更に海外の戦争の影響も加わっていく。

世の中の動きが小久保の会社を蝕《むしば》んでいくようだった。

被害が酷くなる前に、小久保は会社と邸宅を手放した。

最低限の金はあると、彼がスッキリした顔をしていたことが印象に残る。

これからどうするのかと訊けば、地元を出て他で暮らすのだと明言した。

君が言う通り、もう全部棄てた、自由になったからと生気に満ちている。

「鹿児島とか沖縄とか遠いところへ行こうと思う」

準備を進め、ある程度決まったらまた連絡すると小久保は約束してくれた。

これが小久保に会った最後だった。

その後の消息は不明である。

少なくとも二〇二三年の十二月初旬まで連絡が付いていない状態だ。

当然、彼の父親が現在どうなっているか知り得るはずがない。

ハワイに住んでいたはずだが、マウイ島の山火事の影響があったかどうかも分からない。


あの三体の人形や首、繭はどうなったのだろう。

小久保と最後に会った際に教えてもらったことを、樺山さんは話してくれた。


小久保は会社と家を手放すとき、流石に人に見せられないと思い処分した。

繭は離れた公園に埋め、首はハンマーで砕いて燃えるゴミで出した。

三体の大きな文楽人形はバラバラにして、それぞれ別に処理している。

人形を分解していて、バラバラ殺人をしているようだと感じたらしい。

首部分は大きいため、簡単に砕けない。だから電動鋸《のこぎり》を使った。やはり燃えるゴミとして処分している。

この際、隠れたところに墨書きがあるのを小久保は見つけている。

一体に〈貞女〉とあった。その横に沿うように違う筆跡のカタカナで〈サタメ〉とルビが振ってあった。

普通、貞ならサダのはずだが、濁りがない。サタメだ。

また貞女ならテイジョと読み、操が硬い女性を示す。

他の人形には貞女ではない別の文字があった。女性名の雰囲気があった。

しかし必ず〈サタメ〉と同じルビが傍に書き記してあった。


この原稿を書く前、樺山さんと電話した。

元気な声だった。

聞いた話を書いて良いか、何処をカットしたら良いかと相談する。

彼は「その会社もないですし、邸宅も人手に渡ってますから、プライバシー関連さえ気を付ければ。勿論小久保のことで書いたら駄目だと指定したところさえ切ってくれたら大丈夫です」と答える。

途中、追加情報を得た。

それは件の〈文楽人形〉について小久保が語っていた、幾つかのことだった。

実は人形のメンテナンス（手入れ、補修）の仕方が伝わっている。どういうルートで手に入れたのか、鯨の髭《ひげ》などの補修材も残されていた。大事にせよと言う訳だ。

また、これらの人形は戦時中の空襲で生じた火事に巻き込まれた。

火勢と各種危険な状況が折り重なったため、人形を助け出すことはできなかった。

が、それでも人形たちは焼け野原の中で焦げ一つなく焼け残っていたのである。

その後、小久保家邸宅は他よりも早く建て替えられた。家業も生活もすぐ元へ戻る。

三体の文楽人形の加護であろうと、家の跡取りはより一層大事にしたという。

このような出来事は他にもあったようだが、樺山さんはその詳細を耳にしていない。

ただし、小久保が人形と〈した〉ときの話はそれなりに聞いている。

〈仕方〉にも作法があるようだ。曰く現代の男女の営みとさほど変わらない。そして〈し終えたら〉使った各部を晒《さらし》で清める——などである。

ただ人形と〈している〉と首の表情が変わる。

勝手に仕掛けが作動し、悦びの顔へ変化するのだ。

小久保はそれが気持ち悪かった。だから養生テープで仕掛けを作動しないように封印したが〈して〉いるうち、勝手に剥がれてしまう。そして表情が変わる。

気持ちが悪いのに身体が勝手に反応してしまうのも、とても厭だ、どういうことだか分からないと小久保は嘆いていた。

話しているうち、樺山さん側から声とは違う別の音が始まった。

乾いた落ち葉を踏むような、カシャカシャした音だ。

ノイズだろうか。こちらの声が綺麗に伝わっているか確認した。問題ないと返ってくる。

相手にはそんな音は聞こえていなかった。

途中で雑談になったとき、彼は嬉しそうにこんな話をした。

あの小久保が埋めた繭。掘り返してきましたよ。三個が二個になっていましたけど。

あとがき

二〇二四年。

年明けから色々なことが起こりました。

亡くなられた皆様にお悔やみを申し上げます。

そして、被災地の皆様がいち早く元通りの生活に戻れますよう、切に願います。


今年は辰年です。

辰。龍。そう、龍には少し思い入れがあります。

理由は色々なのですが……。

例えば、取材をしていると数々の「龍」に関する話を伺う機会に恵まれることが多いのです。意外なほどに。

ですので、今回数々の龍の話を書こうと考えましたが、途中でふと思い直しました。

本書で求められるような形・パターンよりも、別の形、別の書籍で纏めた方が「龍」のことがきちんと浮かび上がるだろう、と思ったからです。

「龍に纏わる怪異譚」或いは「龍に纏わるルポルタージュ」として。
だから、今回は龍ではない（私だけの）テーマを設けて原稿を進めました。
御了承頂けると幸いです。

取材系怪異譚は当然一人で書くことは叶いません。
体験者、或いは紹介者、読んで下さる読者の皆様、そして関係各位があってこそ。
皆様、いつもありがとう御座います。こうして物が書けるのは皆様のおかげです。
更なる進歩をしていくことを努めて参ります。
そして飛躍と躍進の年にすべく、精進致します。
見守って頂けたら、幸いです。

久田樹生

あとがき

さてさて本年もまた、『「超」怖い話』の季節がやって来ました。

常日頃よりおっかない話を渇望しておられる皆様方のために、今回も様々な怪異譚を蒐集して参りました。

これら鮮度抜群の怪異を心ゆくまで御堪能いただきましたら、これに勝る悦びはございません。

ただし、中には大分前に取材していましたが、とある事情にて止むに止まれず封印していたものも含まれています。

それらは、勿論、何らかの理由で今回表に出てきたわけではありますが、こういった類の話はかなりの確率でおっかないものが占めているような気がします。

どの話が、などと野暮なことは申し上げませんが、きっと好事家の皆様方の琴線に触れる怪異であることと信じて已《や》みません。

さて、恐怖という感情は非常に厄介な代物で、追求すればするほど、その度合いが分からなくなってしまいます。

勿論、それは全ての事柄に当て嵌まるものなのかもしれませんが、このような仕事を続けておりますと、とみにそう感じ入る次第です。

聞いた当初は取るに足らない怪異と思っていても、時間の経過とともにどうしようもなく怖くて怖くて仕方がなくなってしまったりいたします。

それとは真逆に、とんでもなく恐ろしく思えた怪談が……なんてことも良く起こります。

いやはや、「怖さ」を追い求めることは本当に難しいものです。

ともあれ、こういった苦悩は皆様にはあまり関係のない話になりますので、そんなことは一切気になさらずに、お好みの飲み物などを片手に本書をお愉しみいただけましたら幸いです。

それではまた、皆様にお目に掛かれる日を手薬煉《てぐすね》引いて待っております。

渡部正和

あとがき

今年は厳しい年明けとなりました。

令和六年能登半島地震の被災者の方々に篤くお見舞い申し上げ、一刻も早い復興をお祈り致します。

また相次ぐ大火災で失われた人命、大切な財産や航空機にも哀惜の念に堪えません。

同じ一月に起きた阪神淡路大震災から建造物の耐震・防火基準が見直され、我々は地震に強くなったかのように、私などは錯覚しておりました。実際に建物は頑丈になったのですが、この度は半島ならではの道路が輻輳《ふくそう》し救援も物資も滞ってしまった。盲点を突き、弱点を利用する震災というものの狡猾さに愕然とします。


さて、世には「おばけより生きてる人間の方が怖い」ばかりか「生きてる人間が一番怖い」とまで宣《のたま》う言説がございます。

私などは、人間の怖さなんてものはあくまで傲慢さや身勝手さのことであって、生きている限りは個人や特定集団に閉じたものに過ぎないぞ、と思うわけですが、それもこれもまとめて誤差にしてしまうような災害や疫病は無条件に怖い。

もし実感が湧かなければ試しに日本地図を開いて、そこにマグニチュード7・6とかのエネルギーを示す円を描き込んで御覧ください。ほら、怖い。

こういう恐怖と、厭でも戦わなきゃいけないわけです。話し合うこともできないし、逃げることもできない。武器は科学と、身の回りにある恐怖だけ。

おばけも怖いけれど、エネルギーがない。ゼロカロリー。完全なカロリーフリー。

こんな朧げなもので恐怖と戦う我々はかなり分が悪い——とはいえ、建物が新しくなっても干支が何周しようとも、恐怖に呑まれちゃいけない局面は突然来るわけです。おばけの話が現在と未来にどう役立つか、本書をお手に取られた皆様はよく御存じのことと思います。

昨年完結した夏の十干シリーズと異なり、本十二支シリーズには真冬の日にたった一人で読んでもどことなく人の体温の感じられる話を重点的に寄せてきました。

誰かの物語が、誰かに必要とされていると信じています。これらの物語が皆様にとりまして、厳冬を抜けて春を迎える一助となれば幸いです。

深澤　夜

あとがきとあすがき

昨年末、長年僕に体験談を託してくれた古き友人が「脳梗塞になった。今からICUに入ってくるね。生還率は五十パーセントだって」とメッセージを寄越してきた。

やきもきしているうちに年が明け、世が能登の大地震に揺れる中、「退院してきた」と割と元気そうな連絡がきて、ホッと胸をなで下ろした。

年初以来、そんな経験をしたり、そんなつもりではなかったはずなのに命を落とした多くの人々の無念に触れるたび、他人事ではないな、と思いを新たにした。つまりは僕もいつ死ぬかわからない年齢になってきたので、そろそろ種を撒こうかと思ったのだ。

とはいえ、例えば僕が今この瞬間に死んでも、久田君、松村君、深澤君、渡部君がいるから、『「超」怖い話』の火がすぐに絶えることはない。二〇〇六年から二〇一三年にかけて開かれた怪談作家公募バトルロイヤルの先駆け「超-1」を生き抜いて今に至る古強者だ。面構えが違う。だから、僕亡き後でも彼らがうまくやってくれるはずだ。

だが、その後は?

僕が勁文社版の『「超」怖い話』という企画に呼ばれたのは九十年代初頭だった。

二十三歳で『「超」怖い話』第一巻の編集・共著に携わり、絡め取られ、先人が去った今も逃げ損ねたまま……いや、今は自ら望んでここに囚われている。

若くして関わった怪談の道に居続けることが、当たり前に馴染んで久しい。だが、あと何年かしたら、或いはこの稿を認《したた》め終えた後にでも呆気なく、そんなつもりもないままにキーボードに突っ伏して、そのまま生を終える。そういう去り方だってするかもしれない。なので、何か遺してみたくなったのだ。いや、この『「超」怖い話』をこの先もずっと遺していきたくなったのだ。より若い、僕らベテラン勢が知らない世界を見ているであろう次世代の怪談作家に、僕がこの道に手を染めたあの頃と同年代の若い世代に、会ってみたくなったのだ。『「超」怖い話』の未来をいつか託せる人々を探してみたくなったのだ。

だからこれは、三十三年という長き時を、この愛すべき呪いの書『「超」怖い話』とともに過ごした僕のちょっとしたわがままで、ちょっとした心残りで、ちょっとした呪いのお裾分けなのだ。そう思っておつきあいいただきたい。

我々『「超」怖い話』が人を募る、となったら。それはもう決まっている。

諸兄諸姉。超-1の時間だ。

二〇二四年　新春　　加藤一

平成の昔、多くの怪談著者を発掘し、育成してきた超-1。
令和の今、新たな怪談著者の発掘に取り組みます。

超-1／U-25 #2024を開催し、『「超」怖い話』の次代を担う若手怪談作家の発掘を目指し、**将来の商業デビューを前提とした著者を募集します。**

「渾身の「怖い話」を執筆し続ける怪談作家のスキルとして最も重要なのは、「渾身の一作を一本だけ書く能力」ではなく、**「コンスタントな取材量」「コンスタントな執筆量」**を維持できるかどうか。これを審査するため、超-1／U-25では、最終〆切までに規定数以上の複数作品を納品できるかどうかを問います。作品の優劣を競う大会ではなく、商業作家選考のための予選大会と考えてください。

特別な賞金はありません。ただし、応募者は商業作家と同等に扱われ、応募作品が書籍掲載されたときには漏れなく印税が支払われます。商業作家参加のアンソロジー同様、多く載ればそのぶん多く印税が入ります。

過去の執筆経験は不問です。ただし、**応募者の年齢は二十五歳以下限定。有望株は育てます。**

超-1 U-25

cho-one under25 #2024

参加資格　二十五歳以下。二〇二四年十二月三十一日時点で二十五歳以下（二十六歳に達していない）の著者に限る。

募集内容　未発表の怪談を求む。ただし、何らかの恐怖体験を実際に体験した実在の体験者（著者本人を含む）を取材対象とした怪談であること。怪異談、不可思議談、ＵＦＯ・宇宙人遭遇、妖怪、神仏憑依、霊能力……他、過去の『「超」怖い話』が許容してきた全てのジャンルを対象カテゴリーとする。

禁止事項　創作怪談、盗作、体験者に許諾を得ずに書かれたものと判明した作品が含まれていたと判断できる場合、応募者を失格とする。

分量規定　竹書房怪談文庫の標準的ページ規定で四十字×十六行＝一頁として、一話当たり二十頁程度を上限とする。下限は一話当たり一行以上あれば、最低ページ数は問わない。

応募総数　一作者につき、最低十二作品以上、合計五十頁以上。毎月一作でもよし、最終月までにまとめてでもよし。

最終〆切　二〇二四年十二月一日二十三時五十九分到着分まで。オブザーバー、体験談蒐集助手として、二十六歳以上の協力者、経験者、助言者、推薦者を認める。

応募先　超-1／U-25　#2024　公式ページ

http://www.chokowa.com/cho-1/

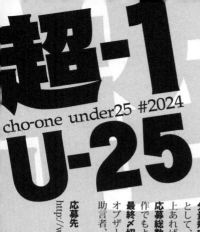

★読者アンケートのお願い

応募フォームはこちら

本書のご感想をお寄せください。アンケートをお寄せいただきました方から抽選で5名様に図書カードを差し上げます。

（締切：2024年2月29日まで）

「超」怖い話公式ホームページ
http://www.chokowa.com/
最新情報、過去の「超」怖い話に関するデータベースなどをご用意しています。

「超」怖い体験談募集
http://www.chokowa.com/post/
あなたの体験した「超」怖い話をお知らせ下さい。

「超」怖い話 辰

2024年2月5日　初版第一刷発行

編著……………………………………………………………………………………加藤 一
共著…………………………………………………………………久田樹生／渡部正和／深澤 夜
カバーデザイン……………………………………………………橋元浩明（sowhat.Inc）

発行所………………………………………………………………………株式会社　竹書房
〒102-0075　東京都千代田区三番町8-1　三番町東急ビル6F
email: info@takeshobo.co.jp
https://www.takeshobo.co.jp
印刷・製本…………………………………………………………………中央精版印刷株式会社